m i r a i s m !

ホウレンソウ禁止で
1日7時間15分
しか働かないから
仕事が面白くなる

山田昭男 未来工業 取締役相談役

東洋経済新報社

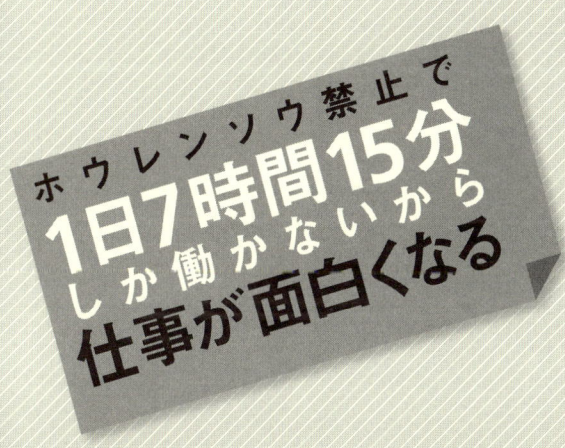

はじめに

「常に考える」仕事術は、誰でも、いつでも、どこからでもマネできる

◆「常に考える」を身体レベルまで身につけるには？

昨年、『カンブリア宮殿』（テレビ東京）という人気番組に出演した際、司会の作家・村上龍さんがとてもホメてくれた。念のために断っておくが、今年81歳になる私の、母性本能をくすぐる愛らしい顔のことではない。

「常に考える」

という、私が創業した未来工業のスローガンのことを、だ。

岐阜県にある本社ビルの社屋裏側から、社内の廊下や階段の壁、社員の名刺裏にいた

るまで、この言葉が書かれていて、誰にでも、嫌でも目につくようになっている。**村上さんは「常に考えろ」という命令形ではなく、「常に考える」という現在形であるのが、とてもいいといってくれた。たしかに、普通なら「常に考えろ」と書くだろう。**

「なるほど、うまいことというなぁ」

考案者の私は、彼の説明に妙に納得した。つまり、上から目線の言葉ではないのがいい、ということ。さすが人気作家だ。正直にいうと、私はそこまで深くは考えたことはなかった。

だが、テレビではそんなことをおくびにも出さず、「いやぁ、さすが村上さん、そこに気づいてくれましたか」という顔で最後まで通した。我ながら名演技だった。

経営者や上司が命令しているうちは、自分の頭で考え、行動する社員は育たない。そんな当たり前のことが、管理優先の風潮の中で見失われている気がしている。

社員一人ひとりが自分の頭で常に考え、実行してみる。もし失敗すれば、すぐに改める。それをくり返し続けることで、はじめて考えることが身についてくる。

それが未来工業の考え方で、社内では「未来イズム」と呼んでいる。

プロの野球選手がバットの素振りを毎日欠かさず、相撲取りが毎朝四股《しこ》を踏みつづけ

社内のいたるところにある「常に考える」

ることで、理想のフォームや安定した足腰をつくるのとまったく同じ。理屈ではなく、身体が思わずそう動いてしまうレベルにまで、「常に考える」を自分のものにしてしまうのだ。

◆1日7時間15分しか働かない幸せと大変さ

アメリカのSNS（ソーシャルネットワークビジネス）大手フェイスブックの女性COO（最高執行責任者）が、

「子どもたちと一緒に6時には夕食を食べられるように、毎日5時半にはオフィスを出るようにしている」

と発言し、賛否両論を呼んだらしい。日本よりはるかに公私の区別が明確なアメリカの最先端ネット企業であっても、それほどノー残業の壁は高くて厚い。

だが、私にいわせれば、まだまだ彼女も甘い。

未来工業は午前8時半始業で、午後4時45分退社。その女性COOより45分も早い。1時間の昼休みを除けば、就業時間は毎日きっかり7時間15分だ。残業は原則禁止。

社員約800名の岐阜県の中小企業が、世界一有名ともいわれる企業のさらに上をいっている。こんなに気分のいいことはない。

残業禁止の理由だが、ドケチとして有名な私としては、残業手当は基本給の25%割増しにもなるから、できるかぎり払いたくない。

社員たちも心得たもので、退社時間になるといっせいに帰り支度を始め、10分後には職場には誰もいなくなる。私もドケチだが、社員たちも相当なものだ。

ただし、定時に帰ることを奨励するようになったのは、残業代のせいだけではない。**ほかの会社みたいに仕事に始終追われ、一度きりの人生を棒に振るような人間になってほしくない**からだ。

先の『カンブリア宮殿』に私が出演した際、

「毎日、家族と夕方の食卓を囲めるのがとても幸せです」

と自宅の台所で奥さんと夕食の準備をしながら、ニコニコ顔で話している未来工業の社員がVTRで登場していた。たしかにサービス残業で夜10時、11時の帰宅が当たり前なら、そんな夕食の団らんは平日には望めない。

同じVTRで、他社から転職してきた30代の男性社員が「婚活を考えるようになった」

とも告白していた。

前職のころは深夜残業続きで、週末は心身ともに疲れ果て、寝てばかりいたらしい。とても婚活なんて考える余裕もなかったが、ウチだと平日の夕方からデートもできるので、考え方が変わってきたという。

家族そろって夕食をとれたり、平日の夕方から彼女とデートもできたりする。そんな日々への感動が、いつか必ず仕事のやる気に結びつく。何かの間違いで、ウチの社員たちだって、ものすごくがんばって働きはじめるかもしれない。

しかし労働時間が短いことは、社員たちにとって、けっしていいことばかりではない。7時間15分しかないのだから、毎日かなり効率的に働く必要がある。でないと、通常の仕事を到底こなし切れない。読者のみなさんも、自分の仕事に置き換えてもらえれば、たいがい察しがつくだろう。

だらだらと残業して仕事を片付けることが許されない。

日々の業務スケジュールを綿密に組み、それ以外でもあれこれと創意工夫しないと、やり残した仕事ばかりがどんどん積み上がってしまう。社員によっては、むしろ辛いばかりで大変なことになるはずだ。

ここが7時間15分のミソ！

創業者の私から見れば、1日の勤務時間が7時間15分しかないということは、社員たちの残業代をケチりながら、仕事の効率も同時にグーンと高められるというわけだ。

◆仕事と人生の両方が面白くなる秘訣

家庭の冷暖房費を倹約するために、寝るときは夫婦と2人の娘さん（小学6年生と中学3年生）が、同じ部屋で並んで寝るようになったという社員がいる。いわゆる「川の字」になって寝る、というやつ。きっと家族の一体感も高まるはずだ。

少し口はばったいが、それも元をたどれば未来工業のおかげともいえる。

ウチの職場の蛍光灯は、すべて引きひもスイッチ式。ひもの先には各社員の名前付きタグまでご丁寧についている。

社員の提案から採用されたもので、席を離れるときは必ず本人がそのスイッチで頭上の灯りを消すようにしている。

世間ではそれを指して「ドケチ」というのだが、**蛍光灯の引きひもはすべての社員が**

コスト意識を身につけるための、目に見える仕掛けのひとつにすぎない。そもそも、蛍光灯をこまめに消すことで節約できる電気代など、たかが知れている。

それでも、会社で働きながらコスト意識が自然と身についたから、先の社員の家庭では「川の字」になって寝る習慣が生まれた。「常に考える」習慣が身につくと、自宅での過ごし方や家族の暮らし方にまで自然と波及していく。公私の区別もなくなる。

一見とてつもなく難しそうだが、実際にやってみれば、たいしたことはない。

「常に考える」習慣が、いい仕事に結びつく。それが働きがいや楽しみの域にまで達すれば、ライフワークにだってなりうる。「頭」ではなく「身体」で覚えると、そう簡単には忘れない。1日7時間15分しか働かないから、仕事が、そして人生が面白くなるというわけだ。

もちろん、就業時間もふくめて会社の仕組みが違うから、この本を読んだ人が全部をマネできるわけではない。しかし、考え方や取り組み方なら、各自が好きなようにつまみ食いできるはずだ。

誰でも、いつでも、どこからでも「常に考える」仕事術はマネできる。はい、どうぞ。

目次

ホウレンソウ禁止で1日7時間15分しか働かないから仕事が面白くなる

第2章　上司ががんばりすぎるから部下が育たない

第3章 お客さんを感動させられるから仕事は面白い……085

【社員を感動させる編】

ブックデザイン 上田宏志[ゼブラ]
カバー写真 今 祥雄
本文写真 代 友尋
尾形文繁(3ページ中段)
DTP クールインク
協力 荒川 龍

第1章

mirai ism!

限られた時間で最大の効果を上げるコツ

!

少しでもムダかなと思ったことは止めてみる
――営業業務課Oさんのケース

職場で代々引き継がれている慣習。その中にも、仕事をいたずらに長引かせている無駄が隠れている場合がある。

たとえば、伝票整理もそのひとつ。

さすがにいまはパソコンでのデータ保管が多くなってきたが、昔は一部の営業所では取引先のコード番号順に、伝票を整理しておくのが慣習だった。

理由は取引先から問い合わせがあった場合、個々の受発注についてすぐに調べられるから。しかし、実際には受注するたびに、数百社にもなる取引先のコード番号に伝票を整理するのは、かなり手間のかかる作業だった。

本社営業部業務課（当時）のOさんは、取引先から実際に注文伝票についての問い合わせなんて、1週間に2～3件程度という実感があったようだ。その数件の問い合わせと、伝票をコード番号順にいちいち整理する労力と時間とでは、比べ物にならない。

そこで伝票をコード番号順ではなく、入力日時順に整理することを担当部署で提案してみた。

先輩社員から代々続いてきた慣習で、「急に変えると調べるのに時間がかかる」などと反対する人もいたらしいが、まずは試してみて、仕事量がどう変わるのかを調べてみようということになった。

やってみてダメなら元に戻せばいい、それが未来イズムだからだ。

結局、伝票整理に割いていた時間がかなり短縮できて、それ以降は、入力日時順の伝票整理が常識になったという。

当時は、データ入力した伝票に、いちいちナンバーリングするのも、いつから始めたのかはわからないが慣習だった。理由は全体の出荷数などを把握するため。

毎日データ入力に伴い、数百枚もの伝票にひとつひとつナンバーリングする作業自体も膨大だが、それを全国の営業所で50、60人がやっているとなると、その無駄はさらに膨れあがってしまう。そこで、ナンバーリングも止めることにした。

たかが伝票整理だが、取引先コード順を入力日時順に改め、このナンバーリング作業をやめただけでも、全国の営業所で見れば、かなり膨大な無駄が省ける。

仕事とは、良くも悪くも、細かな慣習の集積。

だから、**職場に代々引き継がれているものもふくめ、定期的にゼロベースであらゆる業務を見直すことで、隠されていた無駄が明らかになる。**

「社内提案制度」から生まれたローテーション表

ウチの場合、本社営業部への電話は、先の営業業務課にかかってくる。

営業マンは昼間、基本は外回りをしているからだ。業務課には電話番以外にも、納品書や請求書の入力管理、一般事務、製品の受発注業務、全国の営業所間の連絡などがある。

最も優先順位が高いのは、お客さんからの問い合わせなどの電話対応。とにかく、お客さんを待たせないことが、会社にとって最も重要だからだ。

そこで、先のOさん主導で業務課が考案したのが、30分の電話当番制。

当番制の導入当時、業務課は女性10名中、子どもがいるのは9名。

そのため子どもの突発的な病気やケガなどで、急に会社を休まなければいけなくなったり、夕方に早退しなければいけなくなったりする。そうなると、電話は鳴りっぱなしで欠勤者の隣席の人にしわ寄せが集まることも多い。

その対策が電話当番制だった。

お客さんからの電話での受注や問い合わせを優先しながら、業務課の仕事全般を、残りの人数で分担する。10人から6人まで減っても対応できる、30分おきの電話当番シフト表を作成した。

だが、業務課の仕事の中で特定の人しかできないものがあると、その人が急に休めば、この電話当番制自体もたちまち滞ってしまいかねない。

そこで今度は、業務課のあらゆる業務のローテーション表が作成された。

もちろん、社員たちが自分たちで検討、考案したもの。電話当番と業務のローテーションを連動させたもので、社内改善提案から生まれた。

業務課10人を3チームに分け、電話対応以外の業務を定期的にローテーションで回すようにしたという。

納品書や請求書の入力管理と、一般事務や製品の受発注業務、そして全国の営業所間の連絡などの3つの業務に分けた。この反復によって全員が支障なく、業務課のどの業務もこなせる体制づくりが一気に進んだ。

必要は発明の母。「常に考える」仕事の積み重ねで、業務課の女性社員たちのプロ化が進んだともいえる。

10人でやる仕事が6人でも対応できるわけだから、一人ひとりの作業効率が上がらないわけがない。

電話当番のシフト表

	田中	桐山	岩田
8:30 ～ 9:00			
9:00 ～ 9:30			
9:30 ～ 10:00			
10:00 ～ 10:30			遅番
10:30 ～ 11:00		遅番	
11:00 ～ 11:30			
13:30 ～ 14:00			
14:00 ～ 14:30			遅番
14:30 ～ 15:00		遅番	
15:00 ～ 15:30			
15:30 ～ 16:00		遅番	遅番
16:30 ～ 16:45			

- 業務課10人を3チーム（田中、桐山、岩田）に分け、チームごとに電話以外の仕事をローテーションで行う
- 電話はシフト表に基づき、全員が平等に対応する
- 電話当番は常に30分ごとに2人置く（お昼休みの時間帯は除く）

ちなみに、この「社内提案制度」は私が考案したもの。

どんな提案でも、実施の有無にかかわらず、1件500円を会社が社員に支給する。提案が採用されて実施されたら、最高3万円の報奨金が出る。

年間200件以上の提案をすれば、報奨金は15万円にハネ上がる。

実際に200件の提案を達成して、500

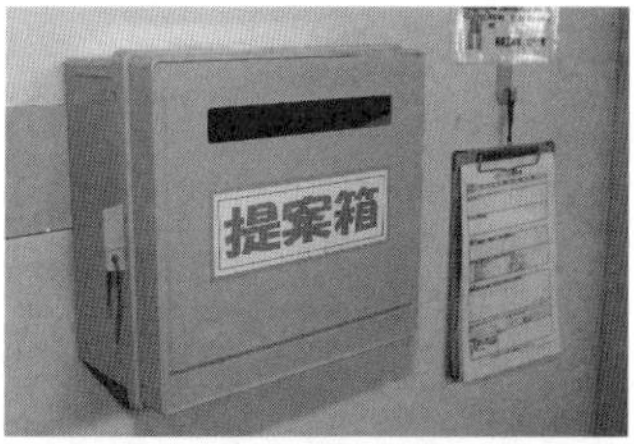

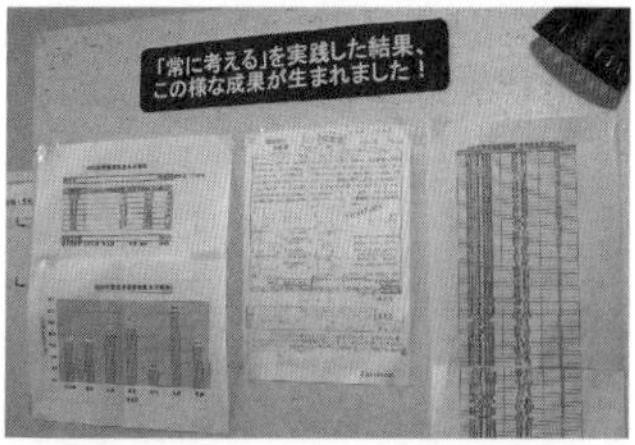

どんな提案でも1件500円。採用されたら最高3万円の報奨金

円×200件＝10万円＋15万円で、25万円を荒稼ぎしている社員もいる。

7時間15分の業務時間と、この「社内提案制度」が連動することで、日々の業務改善がより活発になるという仕掛けだ。

毎日サービス残業漬けで、なおかつ業務改善を提案しても一銭にもならない人たちには、うらやましすぎる会社だろう。

社内外で「見える化」することで、問い合わせを減らす

発想転換といえば、考え方を変えてみるというニュアンスが強い。だが、従来と違う方法を試してみるのも、発想転換のひとつだ。

たとえば、当社製品の修理は、ここ数年で年間300件から500件近くに増えた。製品の販売数量や種類が増えることで、修理品の件数も当然増えていく。それらを長く使ってもらえば、消耗品などの部品交換も必要になる。修理品の受付と納品業務、問い合わせの対応は、ある女性社員が通常業務の片手間にひとりで担当していた。

ところが、件数が増えたばかりか問い合わせの内容もさまざま、納期も製品によって

バラバラだったため、予想以上に手間がかかり、担当者の悩みの種だった。

この業務の効率化を進めるために、先のOさんたちは問い合わせ内容の洗い出しに着手した。

何の問い合わせがいちばん多いかを調べたところ、第1位は納期、第2位は見積もり、第3位は修理内容についてだったという。

そこで、Oさんたちは、個々の問い合わせに対応するという従来の考え方を改め、事前にこちらから情報を発信して、問い合わせを減らす取り組みを始めた。

修理品については、社内で対処するものと、社外にお願いするものの2種類。

そこで修理品とその内容に応じて、過去のデータを精査。修理品が届いてから納期までの目安を、製品を受けとった時点で先方に伝える仕組みをつくった。社外にお願いするものについては、外注先と話し合い、製品ごとに納期のめどを明文化してもらうことにした。

同時に、それぞれの納期にきちんと間に合わせることにも、全社規模で取り組んだ。事前に納期を相手に伝えるとともに、納期をきちんと守れば、問い合わせ数は格段に減らせるからだ。

さらに製品ごとの修理状況についても、社内外の担当者と、営業業務課の女性社員がデータをパソコン上で共有。お客さんからの問い合わせにも、すぐに答えられるようにもした。

相手からの問い合わせを待って対応するのではなく、自ら納期日などの情報発信につとめることで、先方からの問い合わせを減らす。これは**「社外に対する見える化」**。

他方、納期や修理状況をウェブで「見える化」して社内の関係者で共有することで、問い合わせにも迅速に対応することに成功した。これは**「社内での見える化」**。

つまり、**ダブル「見える化」作戦**だ。

ちなみに、この修理品の納期問い合わせの取り組みは、ウチのQC大会で金賞を受賞し、賞金5万円を獲得した。地道な取り組みで仕事が楽になり、そのうえお小遣い程度のお金までもらえる。なんて至れり尽くせりの会社だろう。

「やはり、何かを試みる前と後の変化や効果を実感できるのが、いちばん面白い」

Oさんは、残業禁止後の職場の変化をそう話している。

みんなで考えて、誰かの仕事が早くできるようになったり、自分の仕事が楽になったりすると、自分もうれしいし、ほかの人も喜んでくれる。

また、小さな改善提案でも、それが時々大きな変化につながるプロセスを目の当たりにすると、どんな提案でもコツコツ出し続けることの大切さを実感するという。

営業所ごとの事務の繁閑を、ソフト活用で平準化する

7時間15分で退社するために、未来工業の社員たちはさまざまな試行錯誤を重ねながら、業務の無駄を省き、残務が積み上がらないように創意工夫をいまも続けている。

それを強力に推進しているのは、**「まずはやってみる、やってみてダメだったら元に戻す、あるいは違う方法を考える」という未来イズム**だ。

営業所ごとの繁閑の差。これはどこの会社にもあるはずだ。

しかし、7時間15分の業務時間で退社しなければいけない未来工業の場合、それを放置していてはいけない。定時に帰れない人たちが出てしまうからだ。

そこで、忙しい営業所の社員たちが話し合い、従来のウェブ上の受注システムに加えて、あるパッケージソフトを導入した。**ウチには「報告・連絡・相談」のホウレンソウがないから、社員たち同士で話し合って決めたらしい。**

私はパソコンには指一本触れたことがないが、聞いた話では、ソフトを当社仕様に改良を重ね、多忙な営業所のＦＡＸ処理（入力や納期の確認と連絡）を、その日あまり忙しくない営業所と画像を共有して、代替処理するようになったらしい。

約2年前から忙しい営業所数カ所限定で導入して、いまちょうど営業所を増やしている途中だ。当時の名古屋営業所には3人の事務職がいて、ひとりが育児休職をとっていて、多忙を極めていた。

そこで注文書のＦＡＸをパソコンに取り込み、名古屋営業所が忙しいときは、その注文書画像を共有して、大垣営業所で代わりに処理する。ソフトのカスタマイズも、補修費用の範囲内で細かく改善できるところと、有料にせざるをえないところを業者さんと綿密に話し合い、できるだけ安くしてもらうように努力したらしい。

営業所間のたんなる繁忙格差の解消だけでなく、コスト意識もきちんと働かせたプログラム導入であるのが素晴らしい。

「残業禁止ではなかったころは、定時退社を意識したこともなかった」

とOさんは回想している。定時が近づいても時計を気にすることもなく、一時間程度の残業は当たり前だったようだ。

とくに長期休暇明けは仕事がたまってしまい、本社の営業業務課は、数日間、夜の10時から12時までその処理に追われていたという。

「当時の山田社長（現相談役の私のこと）が残業禁止と決めて、定時以降も残っていると、上司から『早く帰れよ！』っていわれることで、みんなの意識が変わっていき、現在のような社風ができあがっていったんだと思います」

定時退社という決まりがなければ、おそらくいまも何も変わっていなかっただろう。

当初は、「そんなの絶対無理」と公言していた女性社員も、実際の導入後は、自分なりに仕事内容や時間配分を見直して、いまでは定時にさっさと帰っていく。

諦めるのも仕事のうち——製品開発部Hさんのケース

未来工業の製品開発部には34名の社員がいる。

個々に開発テーマをもち、ひとつの製品については担当者が社内の誰よりもくわしい。とくに社員側から「この製品開発をやってみたい！」という志願がないかぎり、会社にいるあいだは生涯そのテーマを突き詰めることになる。

50代の開発部長とはいっても、個々の製品知識となると、担当者にはとても及ばない。だから技術上の助言も難しい。製品の良し悪しは、あくまでも発売後の売れ行きで判断するしかない。

そこで個々の担当者に求められるのは**「効果金額」**の考え方。

いまいちばん現場で求められているもの、あるいはいちばん利益率の高いものや売上げの大きい製品などの改良を優先することだ。開発テーマは無数にあるから、いくら考えても改良点が見つからない場合、「効果金額」の考え方で適切な取捨選択をする必要がある。

「限られた時間の中でできることをやるには、諦めることも仕事のうちです」

開発部長のHはそう話している。

ウチの場合、人気製品でも毎年改良を加えつづけることが前提。だが、「効果金額」の観点で「売上げ」に着目すれば、より大きな売上げが見込める製品の改良を優先し、それ以外の改良を今年は諦めることもアリ、ということになる。

人気製品の改良については、他社にはマネしづらいことなので、少し説明しておきたい。

普通、人気製品になれば完成度も高い。改良を加えるのも難しいため、他社の場合、往々にしてそこでやめてしまう。いたずらに改良を加えることが結果として「改悪」になり、売上げを落とすこともあるためだ。

しかし、**未来工業は「改悪」を恐れない。**

それで売れなければ、最悪の場合は元に戻せばいい。それから、また考え直せばいい。それなら失敗にはならない。それが未来工業において、「常に考える」ということだ。

他部署と連携する仕事は10分の1に抑える

他部署と連携する仕事の中にも、多くの無駄が潜んでいる。

とくに開発の仕事は、100%の製品情報を担当者がもっているため、いろいろな部署がその情報提供を求めてくる。いちいち説明するのも面倒だからと、開発担当者がつい余計な仕事までしてしまう場合がある。

製品化を担当する製造部や販売部との連携について、H開発部長はこう話している。

「たとえば、販売部から『展示会の資料をつくってほしい』といわれますよね。開発担当としては、できればたくさん売ってもらいたいから、気合いを入れて10ページぐらいの資料をつくってしまうわけです」

くわしい資料ができれば、販売部からは「ありがとう」と感謝もされるだろうが、彼の仕事は製品開発であって、販売促進の資料づくりではない。

そこで彼に本来求められるのは、10ページの説明資料を1ページに要約したうえで、あとは販売部の人間に10ページにふくらましてもらうこと。

でないと、販売部の人間も成長できない。むしろ、彼らの成長を阻害していることにもなる。そういう複眼の思考を身につけるためにも、「常に考える」必要がある。

自主的に仕事に取り組むのは、未来工業の前提。だからホウレンソウも禁止している。

しかし、**自主性は自分の仕事だけにとどめず、連携する他部署の人間の自主性についても考え、もう一段高いレベルで、自分の仕事を見極めなければならない。**

「当座、販売部の仕事を肩代わりすることが、本当に相手のためになるのか」

そう考えると、10ページの資料を1ページにとどめて、あとは販売部の人間に委ねることの必要性が見えてくる。

時間がたくさんあると、人間はつい余分な仕事までしてしまう。 7時間15分という限られた時間は、必要な仕事の取捨選択を極めるうえでも、大切な役割を果たしている。

限られた時間で働くからこそ、より多くの能力が身につくというわけだ。

まっ、定時に帰るなんて想像したことさえない人にはわからない世界かもしれないが。

「現場の声」との距離感のとり方

私たちの製品は、住宅建設現場で壁の中などに埋め込まれていて、目に触れにくいことが多い。だから、そこで機器を取り付ける電気工事業者が未来工業のエンドユーザー。彼らが製品を買い付ける問屋業者が、私たちの製品を買い付けてくれるユーザーだ。

製品開発部から見た場合、「現場」は2つある。

未来工業の販売を担当する営業部と、製品のエンドユーザーである電気工事業者だ。

まず営業部からは、「できれば、いま売れているB社と同じものをつくってほしい」という声がよく上がってくる。

気持ちはわかるが、未来工業は差別化戦略が基本なので、それはできない。ただし売れている理由は気になる。だから理由を分析したうえで、まるで違った観点から、新製品の開発に着手することもある。

現場の声を聞きながら、それに惑わされない。「現場の声」との距離のとり方も大切だ。限られた勤務時間の中で結果を出すには、欠かせないバランス感覚といえる。

もうひとつは、エンドユーザーである電気工事業者からの声だが、工事業者の声や要望は、自分たちが直面する問題しか考えていない場合も少なくない。

H開発部長はこんなふうに話している。

「ある工事業者が感じる不便さや製品の問題点が、はたして他業者の多くにも共通するものなのかが重要です。誰もが感じている不便さや問題点なら、そこには新製品開発へのヒントがありますが、その普遍性がないと、売れる製品にはなりません」

それこそ時間の無駄づかいになる。

また、問題点を改善するための生産工法も、メーカーである私たちは考えなければいけない。それには設備投資コストとのバランスも検討する必要がある。その点でも、「現場の声」との距離感のとり方が重要。

時間とコストの問題は、開発担当者が絶えず決断を迫られる二大要素。

大別すれば、その2つの「現場の声」について、製品の枠を一度取り払って考えてみたり、違う視点を上乗せしてみて考えたりする作業も大切だ。ある製品で求められているニーズが案外、ほかの製品にも応用できたりする場合があるからだ。

それぞれの「現場の声」をできるだけ迅速、かつ的確に判断できる能力を磨き上げることが、7時間15分で結果を出す仕事につながる。

マンネリが最大の敵

「残業禁止になる前は、だらだら残業したり、『上司が会社にいるから自分も帰れない』あるいは『部下ががんばっているから上司が帰れない』と非生産的な長時間労働をする社員も多かった」

H開発部長も、先の営業業務課のOさんと同じことを指摘している。

「それに長時間労働が続くと、なかなか仕事が区切れない。深夜遅く帰って、翌朝出社して来ても、昨日の延長線上でずっと続いている感じで、うっかりミスも増えていた気がします。思考のレベルもどんどん浅くなります」

製品開発の仕事はマンネリが最大の敵。

H開発部長は、その点でも定時退社と週休2日制で、自分の時間がたっぷりともてる現在の環境は最適だという。

勤務時間が短いと、頭が切り換えやすく、高い集中力も保ちやすい。

そのせいか、開発部で仕事のやり残しを、自宅に持ち帰ってやっている社員はいないようだ。むしろ、若い人のほうが公私の区別をきちんとつけたがるから、なおさらその傾向が強い。実際、結果さえ出していれば、それで構わない。

「その点では個々の社員に徹底して権限と責任を移譲できたことで、仕事のロスもなくなり、製品の完成度も上がり、プラス面はかなり多いと思いますよ」（H開発部長）

まさに**「管理しないほうが人は働く」**という私の決まり文句どおりというわけだ。

権限と責任を与え切らないと、部下は育たない

ホウレンソウがない未来工業では、製品開発もテーマごとに担当者が勝手に始めて、完成品まで仕上げる。多少の事後報告や相談はあるが、その製品については、開発担当者が「一国一城の主」。開発権限も責任も、その担当者のものだ。

開発部はフレックスタイム制だから、勤務時間中に働いているフリはできるが、担当する製品の売れ行きが最終的には自分にふりかかってくるので、いい加減なことはできない。

効率的な働き方とは少しズレるが、権限委譲の話は大切なので、きちんと書いておきたい。

自由な時間が与えられていて、自分でスケジュールを立て、自分なりのやり方で製品開発を担える。担当者にとってはいい環境だ。H開発部長もよくこう話している。

「細かな注意もしません。本人が製品の方向性をAかBで迷っても口出ししません。徹底して大人扱いです。そこで下手に口出しすると、彼の責任を共有することになってしまいます」

そもそも、AかBで迷っているときには、答えはすでに決まっていて、その背中を誰かに押してもらいたいだけ、ということも多い。

細かく開発のプロセスを管理する会社や組織では人が育ちにくい。社内での肩書きが上だというだけで、上司がくわしくもない製品についての判断に関わることになるからだ。

それに担当者から見れば、**「だって課長も部長もOKしたじゃないですか」と責任転嫁する余地が生まれる。それでは、個人の問題解決能力や判断能力がなかなか身につかない。**

そもそも、製品開発は答えのない仕事。だからトラブルや失敗はつきものだ。反面、自分で決めて製品化する過程での、そういった試行錯誤が個人にストックされるからこそ、課題の解決方法も見えやすい。

仕事は、細かな判断の集合体。

だからこそ個人が全部抱え持って、いたずらに第三者が口をはさまず、自分の責任と判断で完成品をつくり上げるべきなのだ。

！ だらだらと悩んでいる時間を減らす
——メンテナンス・技術課K君のケース

技術設備係として、長く製造機器のメンテナンスを担当してきたK君こそ、先に紹介した社内提案制度で年間200件の提案を達成して25万円を荒稼ぎした人物。

2011年度も2年連続で200件を達成し、それに自己資金を加えて、70万円の400ccバイクを購入したという。なかなかのヤリ手だ。

彼は製造機械やソフトへの造詣の深さを認められ、大垣工場の技術課主任として、現場の依頼を受けて製造機械の改造や治具開発を担当している。

彼の仕事は、製造現場からの依頼を受けて始まる。求められる機能を実現するための改造の構想を練り、必要な部品を発注し、改造作業に入る。

だが、部品発注から実際の作業までは、長くて3～4カ月かかることもある。

そのため、彼は部品発注から作業に入るまでの時間差を前提に、自分の作業スケジュールを組み立てる必要がある。かなり綿密な作業日程と、時間割をつくるようにしている。そのうえで、5つの作業案件を同時並行で、少しずつ進めていくスタイルをとっているらしい。

「事前に構想を練ったとおりに、作業が進むわけではけっしてありません。だから課題に直面して迷ったときに、だらだらと悩んで時間を無駄にしたくないんです。悩み出して作業が止まったら、ほかの作業に取り組んで頭を切り換えるようにしています」

すると、いいアイデアが浮かぶことがある。あるいは短い休憩をとったり、トイレ休憩や、コーヒーでも飲んで一息ついたときに思い浮かぶこともある。

思い悩みすぎると、どうしても頭が回らなくなる。意識的な気分転換がいいアイデアを生み出す土壌になる。

勉強会を開いて後輩を育成して仕事を減らす

今年41歳になるK君が、自主的に勉強会を主宰するようになったのは、30代前半で腰痛もちとなったのがキッカケだったという。

それまでは短い時間内に仕事を仕上げるために、同僚と雑談する時間も惜しんで仕事に没頭してきた。

20代のころは自分を追い込んで120%、140%の成果を出して、自分しかできないことを増やすことで、自分の存在感を高めようとした。自己啓発と考えて、休日出勤もいとわなかった。

だが、腰痛で健康に不安を覚えた彼は、そこで発想を転換する。

「自分しかできない仕事を」と意気込んできた自分を捨て、「自分と同じことをできる

人をたくさんつくろう」と考えた。その手段が社内勉強会。

しかも、就業時間後の開催だから、限られた時間での効率的な働き方とは一見矛盾する。だが、これが結果的に彼の仕事を減らすことになるのだから、「急がば回れ」というわけだ。

製造現場などで機器やメンテナンスなどに興味がありそうな若手に声をかけて、7人ほど集めた。もちろん、それぞれの上司の了解は取り付けたうえで、だ。勉強会のテーマは機械のプログラムづくり。月1回の開催で約半年間続けたという。

勉強会をやってみて気づいたのは、製造機器のメンテナンスや改造に興味があっても、「具体的にどうやって勉強すればいいのか」がわからない人が意外と多いこと。

「ウチの会社はすべて本人まかせなので、自分でスケジュールを組んで、仕事や勉強をどんどん進めていける人はいいんですが、必ずしも、そういう人ばかりではなかったんです」

勤務時間外にもかかわらず、参加してくれた若手たちが自主的に勉強して、個々にレベルアップしてくれたのが、彼にはうれしかったらしい。

想定外の効果も出てきた。K君の勉強会のメンバーだった2人が、彼らが所属する10

人ぐらいの部署の機器トラブルやメンテナンスに対応してくれるようになり、Ｋ君は自分の仕事をかなり減らすことができたようだ。

その経験から、**「自分ひとりでできることは限られている」と改めて痛感。部署に関係なく若手を育てることで自分も楽になるし、会社としての底上げにつながることにも気づいた。**

働かせるほうも働くほうもセコい近ごろ、どちらもとても幸せな働き方といえる。

製品カタログがいちばん優秀な〝営業マン〟
——営業部Ｙさんのケース

「製品カタログがいちばん優秀な〝営業マン〟」などというと、営業テクニックを期待する読者は、いまごろズッコケているかもしれない。

しかし、カタログには営業マンの創意工夫がたくさん盛り込まれていて、それが効率的な営業にもきちんとつながっている。大丈夫、心配ない。

一般的な製品カタログといえば、品名と写真と性能説明がステレオタイプ。ところが、未来工業のそれは業界他社と比べても、ひと味もふた味も違う。

前にも少し書いたが、未来工業の製品は、個人、あるいは集合住宅の電気工事で使われる部材が多い。

主力製品の「スライドボックス」は、室内のスイッチ裏側にある電設部品だし、「ジョイントボックス」は、1本の電線を何本かに分岐するた

スライドボックス

ジョイントボックス

製品カタログ

めの電設部品。いずれも住宅の壁の中に設置されていて見えない。

製品カタログの読者は電気工事業者だから、個々の性能はもちろん、部材の使い方や設置の仕方がわかりやすい必要がある。そのため使い方の説明も挿絵や漫画を活用し、文章による説明もできるだけわかりやすくするよう、営業マンたちの要望が寄せられた。

営業部で入社20年目のYさんは、次のように説明する。

「工事業者さんたちが、カタログをパッと開いたときに、その部材や製品の使い方をすぐにイメージできる誌面にしてもらいたいわけです。ですから挿絵や漫画、業界用語などへの修正要望は、しつこいぐらいに出すようにしています」

カタログがわかりやすければ、営業マンへの問い合わせも減り、注文も入りやすくなる。その分、営業マンも、現場回りにより多くの時間を割ける。本来の仕事に専念できるわけだ。

そのためにも、製品カタログがいちばん優秀な〝営業マン〟でないといけない。

あなたの会社の製品カタログは、そこまで考え抜かれているだろうか？

製品広告付きの名刺が2番目に優秀な〝営業マン〟

「優秀な〝営業マン〟」といえば、名刺も同じだ。

未来工業には営業ノルマも、売上げ目標もない。「これを売ってきなさい」というプッシュ製品もない。

だから自分なりに名刺や売り方を考えて、売上げ目標を立て、その達成に向けて試行錯誤するしかない。権限と責任のすべてが自分の肩にかかっている。ちなみに、営業部は業務時間7時間15分の対象外。

下記のように、名刺の左隅に防火部材「タイカブラック」の製品広告がある。

名刺1枚たりとも無駄にしないのが未来工業流。

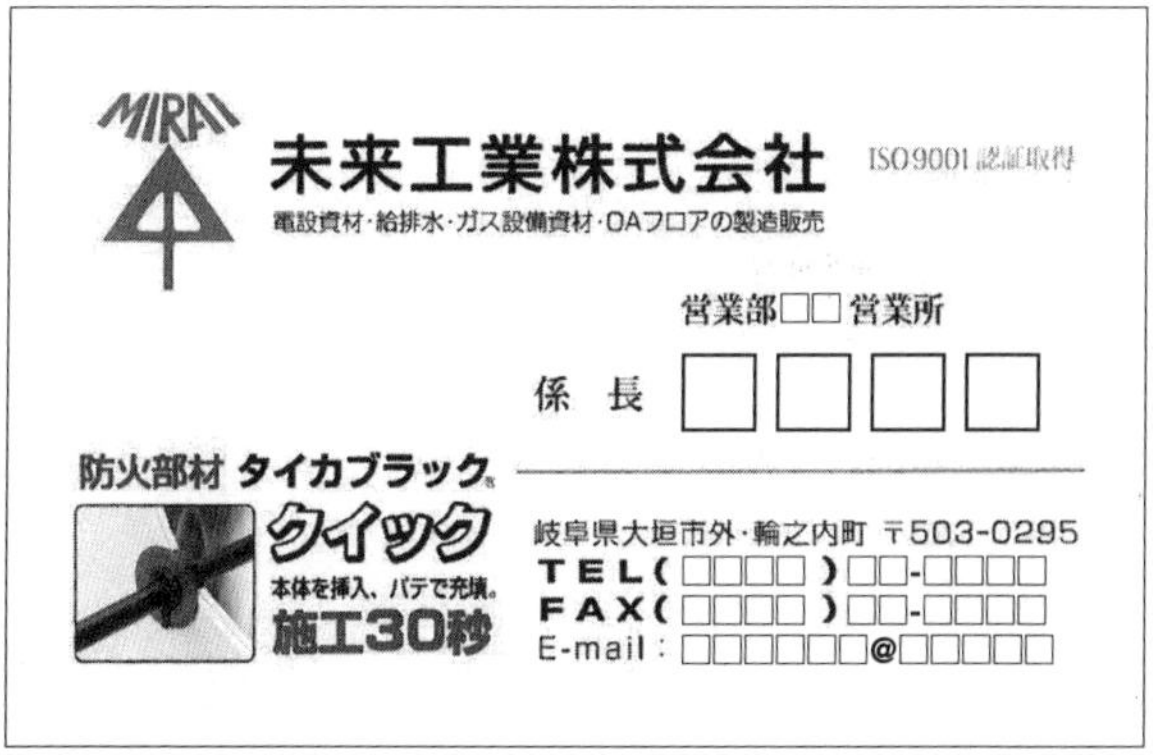

製品広告付きの名刺

広告としてもインパクトがあるし、目立つ名刺をもっている営業マンの顔と名前も覚えてもらいやすく、きわめて営業効率が高い。

これは防火壁の貫通処理に使われるもので、電線などを通す穴をふさぐものとして利用される。人目にはつかない壁の中に埋め込まれる防火部材。

「本体を挿入、パテで充塡。施工30秒」

電気工事業者さんが見れば、商品名や性能だけでなく、実際に使うときのイメージがすぐにつかめる説明までついているところがミソ。立派な差別化だ。

「製品広告付きの名刺は、製品ごとに約20種類あります。この部材は、他の営業マンが注目していなかった2年前から、将来の主力製品にしたいと思って、個人的に力を入れていますす」（営業部Yさん）

1年目こそ売上げはなかったが、2年目は売上げわずか400万円で、防火部材の〝トップ〟営業マンになった。まず、金額の多少は関係ない。他人と同じ土俵で勝負するより、自分だけの土俵をつくったほうがよりトップにも近づく。それが差別化の第一歩。

あなたの名刺には、自分や自社製品を相手に強く印象づけるような〝優秀な営業マン〟として創意工夫が、どれほど込められているだろうか？

山田式営業トーク（初級編①）▼「さん」付けで距離感を縮める

これまで、「1日7時間15分しか働かない」という制約のもと、社員が「常に考える」ことで生み出してきた仕事術を紹介してきた。

そこで、参考までに、私自身の仕事術もいくつか紹介しておきたい。現役時代は営業が本職だったので、山田式営業トーク術を披露しよう。

営業では、限られた時間の中で最大限の効果を発揮するために、相手の懐にすっと入り込み、距離感を一気に縮めてしまうノウハウがいる。

現役時代の私は、営業先で相手の名前を口にしたことがなかった。深い理由はなく、単純に覚えられないからだ。

だが、自分のことは棚に上げてウチの社員たちには、営業先の担当者に、たとえば「鈴木さん」と声をかけるようにと口を酸っぱくして指導している。「鈴木課長」や「課長さん」より、そのほうが相手との距離感が少しでも縮められるからだ。

営業先近くで、相手の担当者の名前を一度口に出してから訪問するのが基本。

ただし、相手が部長や社長などの幹部クラスなら、実名より「山本部長さん」「田中

社長さん」と肩書きをふくめて呼んだほうがいい。

そのほうが相手も気持ちよくなるからだ。

山田式営業トーク（初級編②）▼相手の趣味を探る

相手との距離感を縮める次のステップは、相手の趣味を探ること。野球やサッカー、相撲などで、相手の好きな話題がわかれば雑談に花を咲かせることができる。相手に自分の顔と名前を印象づけるチャンスになる。

しかし、**趣味の話題は、営業マンにとって諸刃の剣でもある。**

たとえば、相手が相撲に驚くほどくわしく、自分の知識ではまるで歯が立たなかったとすると、「なんだ、その程度しか知らないのか」と相手にバカにされてしまうことになる。

くわしくない人にこれ以上話しても無駄だと思われると、むしろ距離感が広がってしまい、その話題に触れなかったほうがよかった……なんてことになってしまう。完全に逆効果だ。

これは相撲にかぎらず、野球でもサッカーでも、相手次第でその危険がつきまとう。

ちなみに私の場合は、相手の趣味は探らない。

自分の得意とする話題に相手を引っぱり込む。たとえば、演劇好きが高じて父親に勘当されかけ、仲間たちと会社を興すはめになったほうだから、有名な俳優ネタなら、わりと万人の興味を引きつけやすい。

人気ドラマの『大岡越前』で有名になった俳優の加藤剛さんは、演劇界では愛妻家として知られている。国内外どこにいても、必ず夜中の1時には奥さんに電話を入れるという。そんな業界ではよく知られたエピソードを披露する。

「そこまで嫁さんを大事にして、いったい、どうするつもりなんだかな」というと、相手は、「へぇー、そうなんだぁ」と、有名人の素顔を知ることができて、ちょっと得した気分になる。

「この男と話すと、ほかにもいろいろと、有名人のエピソードを教えてもらえるかもしれない」

相手をそんな気持ちにさせることができれば、私の勝ち。野球や相撲の話題を下手に振ってしまったせいで、相手にバカにされる危険も避けられる。

営業職は雑談の話題ひとつで、相手との距離感を縮めることも遠ざけることもできる。ただし、これはできるかぎり多くの場数を踏んで、まさに「身体」で覚えるしかない。

山田式営業トーク（中級編）▼営業先で昼飯をおごってもらう

4人で未来工業を創業し、私が社長兼営業担当だったころ、1週間のうちで昼飯を自腹で食べるのは1回程度だった。それ以外は、営業先のお客さんに面白がられ、よくごちそうになった。

相手にごちそうになるには、**「相手の人となりを見抜く洞察力」**と**「相手との距離感を自然に縮められる人間力」**の2つが必要だ。逆にいえば、**営業先で昼飯をおごってもらえるかどうかは、自分の営業力を磨く最高の練習になる。**

営業マンに対応するのは、主に問屋の仕入れ担当部長クラス。彼らはサラリーマンだから、よほど気に入られるか、頼りにされないと、おごってもらうのは難しい。

ところが、社長自身が仕入れ部門も統括している会社がある。中小問屋の場合、社長がオーナーのことが多いから、そこが狙い目。

とはいえ、会社の規模にかかわらず、社長におごってもらうのは簡単ではない。それ自体が、正真正銘の営業アプローチといっていい。

「彼と雑談していると、新しい業界情報にくわしいから勉強になる」

「あの男は仕事ができるから、今後もいろいろと相談できそうだ」

「アイツはいつも笑わしてくれるから、いい気分転換になっていい」

それぞれの営業が創意工夫をこらし、社長相手に自分の特長やセールスポイントを売り込む。

相手に強い印象を残して、はじめて「じゃあ、昼飯でも食べるか」という展開に持ち込める。それが同時に、その他大勢の営業マンの中から頭ひとつ抜け出すことにもなる。

未来工業では、営業職の人間には、昼飯代として1日1000円を事前に渡している。お客さんにおごってもらえれば、それが丸々自分のお小遣いになる。自分が得をするから、社員も必死でおごってくれる相手を捜し、その懐に入り込もうと試行錯誤する。

おごってもらえれば営業マンも得をするが、会社としても契約や売上げに一歩近づく。

まさに一石二鳥だ。

山田式営業トーク（上級編）▼「おい」と「おまえ」の関係を目指す

「死ぬ前にもう一度会いたいと、父が話しているんですが、大変ご足労かと思いますが、お越しいただけませんでしょうか」

山形の営業先の先代社長の息子から、突然そんな電話が入ったことがある。すでに家族以外は面会謝絶の状態。

「会いたいといわれれば拒むな」というのが私の父親の遺言だから、私はすぐに会いにいった。

とくに話したいことがあったわけではなく、ただ私の愛くるしい顔がもう一度見たかっただけだったらしい。

私が駆け出しの新米社長時代からのお客さんで、「おい」「おまえ」の関係だった。

ほかにも、亡くなった主人の遺言なので、ぜひ形見分けを差し上げたいと、営業先の社長の奥さんから電話をもらったこともある。そのときも、求められるままに出かけていった。

名優の故・宇野重吉（歌手で俳優の寺尾聰の父親）が肺ガンの末期で、都内の病院に入院中にも、本人から電話で「すぐ来い！」と呼びつけられたこともある。

病院にたどりついたら彼の劇団の女性がいて、彼女と立ち話に興じていたら、本人から彼女の携帯に、

「山田の野郎、まだ来ねぇーぞ！」

と怒りの電話が入り、あわてて病室に向かった。当時、彼は劇団仲間さえ病室に入れようとしなかったらしく、付き添いの彼女も珍しがっていた。

あの世へ行く前に会いたくなるというのは、私は案外、仏様顔なのかもしれない。「会社より、宗教法人でも経営したほうがもっと儲けられたかな」と思うと、ちょっと残念だ。

ただし、宇野重吉とは、仕事がらみの関係ではなかった。

私の場合、**相手を分け隔てせず、公私混同して喜ばせ、感動させるのを習慣にしてきた。だから相性さえよければ、営業先だろうとなかろうと、多くの人と「おい」「おまえ」の関係になれた。**

普通の営業職の人間には、ちょっとレベルが高すぎるかもしれないが、それでも、**「おい」「おまえ」の関係になれたら生涯の固定客だ。それが理想の営業であることは間違**

いない。

山田式営業トーク（超上級編）▼クスッと笑える〝恐喝〟営業

以前、経営者仲間数人が私の営業がじかに見たいと、沖縄にまでついてきたことがある。

一部始終を見たひとりが、こういった。

「あれは営業ではなくて、クスッと笑える〝恐喝〟だ」

まったく失礼なヤツだ。

恐喝は相手を怖がらせることで、笑わせるものではない。そんな高度なことが私にできれば、未来工業はとっくの昔に大企業になっているはずだ。そもそも、私みたいな愛くるしい顔の男が、他人様《ひとさま》を怖がらせられるはずもない。

私はとても丁寧に、営業先である電機部品の問屋さんに、こうお願いしただけだ。

「頼むわぁ、助けてぇなぁ。アンタが大企業のマネシタ電工から買わんでも、あっちはビクともせんけど、ウチみたいな中小企業はな、今日買ってもらわんと、明日には潰れてしまう。アンタに断られると、オレはいまここでクビ吊らんといかんで、バックの中に首吊り用ロープも入れとるんや。もし、ホントかどうか疑ってるんなら、ロープ見せようか？」

すると、たいていの相手は苦笑いしながら、「わかった、わかった」といって買ってくれる。

相手がクスッと笑ってくれた時点で、私の勝ち。当時は、まともに売れる製品がひとつしかなかったから、けっして嘘をついているわけでもない。

ただし、バックの中にロープなど入っていない。

持ち歩くのが重たいからだ。相手だって、そんな話をまともに信じているはずもない。

だからロープそのものは必要がない。

ウチの製品が売れはじめたら、このトークは若干変わった。

今度は、「これを買わないと、あなたの問屋だけがバスに乗り遅れることになるぞ」

というニュアンスを強く臭わせることにした。

「G社もH社も（そことライバル関係にある中堅問屋の名前を出す）も買ってくれて、評判がええんや。頼むわぁ、だまされたと思って一回だけ扱ってみてよ。お客さんにはきっと気に入ってもらえるはずやから。一度扱って売れなかったら、また大手製品に戻ればええんや。でないと、やっぱりこの軒先あたりで、ワシ、クビ吊ろうか？」

くり返しが笑いを生む。これも鉄則のひとつ。

まさに「笑ってもらってなんぼ（いくら）」の世界。未来工業か吉本興業かというくらい、私もお笑いは〝本業〟のつもりだ。

営業先で笑いをとれれば、相手との距離感はその分、縮められる。

前者のトークはとにかく「助けて」という言葉、後者のトークは「あなただけが乗り遅れるよ」というニュアンスを漂わせるのがポイント。

また、買い手優位の場合、相手は製品の値下げを要求してくることがある。

その場合は、ひたすら粘る。

よいもの安くで、値下げしてしまうと、いつか日本の家電メーカーのように薄型テレビで大赤字を背負ってしまうからだ。

締めないネクタイの意外な活かし方

沖縄つながりで、もうひとつ。

あそこは年中暑いため、ネクタイを締めて営業に行くと、失礼に当たる。ネクタイを締めると、汗が必要以上に吹き出て、より汗まみれで訪問することになるからだ。まさに、所変われば品変わる。

しかし、締めないネクタイの意外な活かし方がある。

私は必ず、夏の沖縄に出かけるときは、右の胸ポケットに締めないネクタイを入れて、営業先を回っていた。

「すみません、本当は締めるべきなんですが、汗まみれでお邪魔させていただくのも失礼だと思いまして」

その際、着ることのない上着も、右の二の腕にきちんと抱えている。

どうだろう？　相手から見れば、私はとても生真面目で、誠実な人間に見えるはずだ。人によっては、私の会社の製品まで生真面目、かつ誠実につくられていると思ってくれるかもしれない。

締めないネクタイや着ない上着も、使い方ひとつで効果的な営業アイテムになる。

これなら、ただマネするだけでいい。誰でも、いつでもできる。

ただし、日本人の多くは、お客さんの立場になると、かなり気難しい。

だから沖縄を除けば、上着はきちんと着たほうがいいし、ネクタイは締めておいたほうがいいのは間違いない。

公私混同は「習うより慣れろ」

これは人から伝え聞いた話なので真偽の程はわからないが、そのつもりで読んでほしい。

ある中堅の万年筆メーカーの営業マンが、ある国で大量契約を取り付けた。

その契約時、彼は胸元から自社ではなく、業界最大手の高級万年筆を取り出してサインをしかけたら、その顧客が怒り出して、契約そのものが破棄になったという。

他人の目につく場面で、いかに神経を細やかに使えるか。

普段から人目につかない場面でも、日々細かな気配りをしていないと、こういう大事な場面で、取り返しのつかないミスをおかしてしまう。人間とは往々にしてそういうものだ。

「頭」ではなく「身体」で仕事を覚え込んでいれば、大事な場面での失態は大幅に減らせる。

ここからは私の想像だが、彼はかなりの万年筆愛好家だったのかもしれない。その点では適職だ。

しかも、彼の人生の節目となるような場面での署名には、その大手メーカーの万年筆を使っていた可能性が高い。その習慣が、契約書への署名という仕事の重要な局面で、つい出てしまったのだろう。

しかし、彼のことを本当に笑えるだろうか？

洋酒の営業マンがじつは日本酒好きで、行きつけの店で日本酒のウンチクを気持ちよく披露している場面に、営業先の担当者とバッタリ。そんなことは、往々にしてある。仕事と私生活を分けているからだ。出くわした相手によっては、それが万年筆の彼のような致命的なミスに発展する危険性もゼロではない。

事実はひとつ、その受け止め方は2つ。肯定的か否定的か。相手がどちらのタイプか

は自分でコントロールはできない。

「はじめに」で書いたように、いい意味で仕事の公私混同ができていることが、そういった致命的なミスを防いでくれる。

お客さんと、お客さんでない人を瞬時に察知し、態度を正確に使い分けることは簡単ではない。だから、**普段から公私混同して、他人を常に喜ばせる、感動させることを「常に考える」。その姿勢がとくに営業職の人間には欠かせない。**

習うより慣れよ、とはそのことだ。

「この人から買いたい」と思わせるコツ

かつて大手証券会社に「伝説の営業マン」と呼ばれた男がいた。

彼は法人営業部のトップ営業として知られ、「法人キラー」の異名をもっていた。

彼は訪問した会社の担当者に後日、必ず毛筆で書かれた丁寧な御礼状と、老舗の菓子箱を贈っていたという。それが彼なりの差別化であり、営業スタイルだった。

他人と同じ営業活動「プラスアルファ」が、その他大勢の営業マンから頭ひとつ抜け

出す武器になる。彼の場合は、それが毛筆の御礼状と老舗の菓子箱だった。

この「プラスアルファ」に正解はない。相手を感動させるものなら、何でもいい。

ある大手企業にかなり食い込んでいた証券マンが、ある日、その男の姿を自分の営業先で見かけただけで、その会社の契約をとることを断念したというほどだ。あの男にはかなわないから、ほかの会社に営業したほうがいい、と。

どうせ働くのなら、気持ちの上だけでも、「この人から買いたい」というカリスマを目指してはどうだろうか。営業でも製造でも、あるいは総務でも構わない。ひとつの課内や、ひとつのプロジェクトチーム内のカリスマだっていい。

カリスマの具体的なイメージがわかなければ、「田中課長のようになりたい」とか「田中課長に認めてもらいたい」でも構わない。そのために努力するプロセス、自分なりに試行錯誤しながら「常に考える」ことが大切だ。

それでも、うれしいことより悔しいことのほうが多いかもしれない。喜ぶことより失望することが増える可能性もある。

しかし、与えられた仕事やノルマをただこなすだけより、働くことが圧倒的に面白くなるにちがいない。

第2章

mirai

上司が
がんばりすぎるから
部下が育たない

ism!

社長は毎日会社に行ってはいけない

中小企業の最大の欠陥は、社長が何事にもがんばりすぎてしまうこと。

そのせいで、すべての社員が何事も社長頼みから抜け出せない。いつまでたっても社長の指示でしか動かないから、自分で考える習慣が身につかない。

だから、社長は毎日会社に行ってはいけない。社長自身ががんばって売ったり、買ったり、つくったりしてはいけないのだ。

これは経営トップにかぎらず、部長や課長などの管理職も同じこと。

どんな職場でも上司ががんばりすぎると、部下の出る幕がなくなるので、優秀な部下が育たない。むしろ、上司の指示待ち人間ばかりが増えてしまう。

「自分の判断で下手に動くと上司に叱られるかもしれない」と考えるからだが、それなのに上司は上司で、「部下がなかなか育たない」と愚痴ってばかりいる。

これでは両方ともに不幸だ。

また、たいていの社長や上司は、部下に命令したがる。

それは自分がオールマイティだとか、自分は部下よりは仕事ができるという錯覚の下、とにかく命令するのがリーダーシップだと勘違いしているせいだ。

能書《のうが》き専門の経営コンサルタントたちも異口同音に、

「リーダーがまず率先垂範を!」

などと、まことしやかにいう。勘違いもはなはだしい。

上司にはリーダーシップではなく、説得と納得させる力が必要

自分が命令される側になって、ちょっと想像してみれば、中学生でもわかる。

社長や上司から命令されて動いているだけの人間に、当事者意識は絶対に育たない。

そもそも、これは自分がやるべき仕事だという意識をもたない人間に、いったい、ど

れほどいい仕事が期待できるだろうか。自分の頭で「常に考える」習慣も身につくはずがない。

前章でも書いたが、未来工業には「報告・連絡・相談」のホウレンソウがない。

社員一人ひとりが常に考え、自分の責任と権限で行動し、それが間違っていれば改めることでしか当事者意識は育たないから、ホウレンソウだけでなく、上司から部下への命令も禁止している。

上司に大切なのは必要に応じて、部下を説得し、その仕事の必要性をきちんと納得させること。

「でも、山田、おまえは取締役相談役になったいまも、講演がないときは、毎日会社に出勤しているじゃないか」

相談役室の壁に貼られた演劇のチラシ

と突っ込んでくる人もいるかもしれないが、私の場合、会社に行っても、たまに私を訪ねてくるお客さんと面会するだけ。

それ以外は、相談役室で自分の趣味に没頭している。

部屋の壁一面に、当日か、それ以降に上演が予定されている演劇のチラシを黙々と貼り替えている。社長を退き、いまは芝居鑑賞が〝本業〟の私にとっては至福の時間だ。

そんな創業者を目の当たりにする社員たちは、いったい、どう思うだろうか？

「……このままだと会社が潰れてしまうから、私たちがしっかりしなければ……」

と自然にがんばって働きはじめるはずだ。

売る人間より、部下に売らせる人間を育てるほうが難しい

ウチの創業期から、私とともに全国各地を営業マンとして精力的に回り、経営基盤づくりに貢献してくれたスゴ腕営業マンがいた。仮にFさんとしておく。

Fさんは自宅に帰る時間も惜しんで、仕事に没頭してくれた。

彼の貢献度に報いようと、大阪支店長に昇格させた。部下は10人。

ところが、一営業マンとしては抜群だったが、残念ながら、支店長としては結果を残せなかった。

支店長の仕事は、それぞれの部下たちのやる気を刺激し、より多く売らせるような創意工夫をすることだが、営業成績が抜群な彼はそれが苦手だった。名選手が必ずしも名監督や名コーチならず、というやつだ。

どこの会社にもありがちな話だが、**自分がモノを売る能力と、部下をやる気にさせてチームや組織の売上げを伸ばす能力は、まるで別物。**

そこで私は、Fさんに大阪支店長から、三重県担当の営業専門職に異動してもらった。一営業マンとしての彼の売上高は、営業マン5人分に匹敵したからだ。

しかし、これは降格ではない。支店長の給料と手当はそのままで、部下がいないのが唯一の相違点。

降格人事は社員を萎縮させてしまうからだ。

「常に考える」社風を根づかせるためには、失敗に伴う降格人事は絶対にやってはいけない。

失敗をマイナス査定する減点主義は、建物だけはえらく立派だけど、経常利益率は未来工業（創業以来で平均15％）より低い大企業にまかせておけばいい。

「山田さんは、Fさんを経営者候補として育てたことがあったのか？」

その後、知人からふいに尋ねられたとき、私も言葉に詰まってしまった。

モノを売る人間は勝手に育つが、部下に売らせる人間を育てるのは難しい。

私にとっても「常に考える」ことをサボってしまった苦い教訓だ。

「恐怖心」と「思い込み」を捨ててみる勇気

「ベテランの自分が売らないと、会社はすぐに潰れてしまいますよ。山田さんのいうとおりなんて、できっこありません！」

私の「中小企業の最大の欠陥は、社長ががんばりすぎて部下が育たないことだ」という講演を聴いて、そう反論してきた経営者がいた。

当時、トップ営業で成長著しい会社だった。これも上司と呼ばれる人間の大半がとらわれている思い込みの代表例といえる。

だが、その後も私の話が、彼の頭の片隅には引っかかっていたらしい。

そこで彼が立てた計画は5年かけて、トップ営業をやめて部下に責任と権限の両方を譲り、未来工業のように週休2日制にすることだった。

そうなっても支障ないように、部下への権限委譲を段階的に進めていった（ちなみに、未来工業はすでに1970年代に週休2日制を導入済み。岐阜県でいちばん早かった）。

結果はゆっくりとあらわれた。

週休2日制に完全に移行した年は、どうやら対前年比10％ほど業績が下がったらしい。ところが、その翌年は10％ほど持ち直して2年前とほぼ同じになり、翌々年にはさらに10％の増収となった。

「山田さん、ウチの社員たちが、私をとうとう超えてくれましたよ！」

彼はニコニコ顔で、わざわざ私の会社に報告しに来てくれた。

経営トップであれ、管理職であれ、それまでの成功体験を捨てるのは勇気がいる。彼のようなワンマン社長になればなおさらだ。

「自分ががんばらないと、会社の業績は上がらない」

「自分が部下を引っ張っていかないといけない」

そんな「思い込み」と「恐怖心」がない交ぜになって、なかなか人は冷静になれない。

経営トップから部長や課長までが、程度の差こそあれ同じ。だから、それまでのやり方を変えられない。だが、これは「常に考える」とは正反対の態度。

部下を本当に育てたかったら、「思い込み」と「恐怖心」を同時に捨て去ってしまうしかない。

部下ががんばる会社にする方法

「社長が毎日会社に行くのは間違っている」を実践した、もうひとりの女性社長の話を紹介したい。

数年前、100%オーナー社長だったご主人が急逝し、彼女は専業主婦から社長になった。何の気の迷いか、彼女は私の講演を聞きに来て、次のように決断した。

素人同然の自分が、中途半端に経営に口を出すより、前社長から全幅の信頼を置かれていた工場長にすべてを委ね、自分は会社に極力行かないようにした。業績推移などの報告は工場長から定期的に受けながら、ゴルフ三昧《ざんまい》の生活を始めた。かなり勇気がいる決断だったにちがいない。

そんな彼女の営業センスを感じたエピソードがある。

東京から取引先メーカーが岐阜へやってくると、彼女はボロボロのコロナマークⅡでいつも出迎えていた。経営者の会合には高級車のベンツでやって来るのに、だ。

直接、本人にその理由を聞いたわけではないが、だいたい推測はできる。

ベンツで迎えに行くと、相手に「この会社は、儲かっているな」と思われて、納品価格の引き上げを要求される恐れがある。

お客さんとは、取引先をふいに妬《ねた》んだり、見下したりするからだ。

私たちメーカーの人間から見ても、お客さんというのは、じつにワガママな存在。

ウチの製品が同業他社に人気だと知ると、多少値段が高くても買いたがるくせに、しばらくすると「たくさん買うから値段を安くしろ」と平気で要求してくる。あるいは、「ウチの会社にだけ高い値段で売って儲けていないか？」と勘ぐったりする。

また、ウチが儲かっていると知ると、「儲かっているなら、もっと安くしろ」と言い出し、儲かっていないと知ると、「商売が下手だなぁ」と、今度は見下したりする。

本当に厄介きわまりない。そんなお客さんを相手にする以上、いたずらに妬まれたり、見下されたりしないように、じつに細かなところにこそ、神経を使わなければいけない。新米女性社長は、実務経験はないけれど、お客さん扱いに長《た》けていたといえる。オンボロ車で行けば、妬まれたり、あるいは、納品価格の引き上げを求められるリスクはゼロに近づけられる。そんな細かな点にこそ神経を使うことが、どんな仕事にも求められるコツ。

取引先に妬まれないよう、見下されないように「常に考える」。そのバランス感覚が大切だ。

そんなツボを心得た彼女のトップ営業と、前社長の急逝で、危機感をもった工場長はじめ現場のがんばりで、同社は堅調な業績を維持して安定経営を続けている。

もちろん、それは放任主義でいいという話ではない。

現場とはきちんとコミュニケーションをとりながら、思い切った責任と権限の委譲で部下の士気を高める。それは社長だけでなく、部長でも、課長でもその裁量の範囲内でいくらでもマネできる。

正解はないから、それぞれのやり方で試行錯誤すればいい。

部下ががんばっている会社にしたほうが、経営も断然安定するに決まっている。

「その道によって賢し」

――新入社員を次々と部下なし部長に抜擢

手前味噌な話で恐縮だが、私は営業マンとしての能力は高いと思っている。だが、創業以来、それ以外の業務経験はない。

だから営業以外は口出しせず、ほかの社員たちにまかせることにした。敏腕営業マンが、必ずしも支店長になったからといって成功するとは限らない。前に紹介した事例と同じことだ。

だが、多くの創業社長には、この割り切りがなかなかできない。

「その道によって賢《かしこ》し」

ということわざがある。

何事もひとつのことに徹して努力していれば、自然とうまくなるという意味だ。4人で創業した未来工業も、このことわざにのっとってみた。

5人目として入社してきたのが、同じ岐阜県内の大手メーカーの工場につとめていた人間。

当時は自転車に取り付けるカゴをつくっていたとかなんとか話していたが、ウチではいきなり部下なしの製造部長に任命した。

事業資金も、最初のころは唯一の女性社員に頼んで、近くの銀行に「30万円貸して」「50万円貸して」と借りていたが、借りる金額が大きくなってくると、さすがに銀行も貸し渋るようになった。

そこで、かつて同じ劇団仲間で銀行マンだった男を、それまでの年収半分の条件で、有無をいわさず総務部長としてスカウトした。もちろん、部下なしだ。

営業部長も、営業経験ゼロの人間に、

「日本には営業マンはごまんといるが、誰でも最初は経験がないんだから気にすることはない」

と説得して、部長になってもらった。

そのため創業当初の未来工業は、部下なし部長しかいない日本初の会社だった。やらせてみて向いてないとわかれば、辞めさせればいいと考えていたからだ。

幸いにも潰れることなく、1965年の創業以来、赤字決算ゼロを継続中。「その道によって賢し」作戦は間違ってなかったことになる。

部下を育てることを難しく考える必要はない。ただ、権限と責任を与えて、まず仕事をさせてみればいい。ダメなら、ほかの人間に替えればいい。

マネジメントの醍醐味とは、そうした試行錯誤によってこそ身につく洞察力のことだ。

社内公募で若手ヒラ社員を新社長に抜擢後、能力が足りずに解任

私は一見、ワンマン経営者に見えるが、実際には「やる気のあるヤツには逆らわん」主義。

1991年にウチの子会社ができた。合成樹脂の原料を製造販売する会社だ。なんと当時の製造部長が、ここの新社長を社内公募するという面白い実験をやった。私のお株を奪うような前代未聞のアイデアだ。「やる気のあるヤツには逆らわん」主義の私にも異論はない。

すると、ひとりの若手社員が手をあげた。仮にJ君としておくが、いい度胸だ。ほかに立候補者はおらず、彼が新社長になった。

J君は自分の給料を自ら100万円と決めた。誰も何もいわなかった。ここが未来工業のスゴいところ。

その子会社は茨城工場で製品をつくり、全国5カ所の工場への納品を始めた。経常利益はすぐに4000万円を超えた。本社が大量に買い上げるのだから、何の営業努力もいらない。儲かって当たり前だ。

するとJ君は、山形工場の敷地内に新しい工場を建てれば、パイプをつなぐだけで製品納入ができると考えた。そこで、本社の債務保証なしで2億円を融資するという銀行も、自分で見つけてきた。

常に考えて実行する未来イズムを実践している点はいい。若手ヒラ社員で新社長に立候補するだけのことはある。

だが問題は、その山形工場建設の是非。

仮に2億円を借りた場合、その金利はいくらか。新たに購入する機械代はいくらで、それを動かすための人件費はいくらになるのか——。

私は必要となる数字全部を計算してくるようにとJ君に伝えたが、待てど暮らせど、彼から返事がなかった。

当たり前だ。いくら運送代金がかかったとしても、従来どおり、茨城工場でつくって山形工場まで製品を運んだほうが、10分の1のコストで済む。誰にでもわかることだ。

仕方なく、私はJ君を岐阜本社に呼んで、経営に必要な「算数」の考え方について説明した。

すると彼は今度、山形工場の隣接する米沢市にある工場を借りるといってきた。

「土地も建物も賃貸だからコストはとても安いですから」といい、その時点ですでに賃貸契約も結んでいた。かなり先走るヤツだった。

私は念のために、その場合の必要経費を計算してもらったが、やはり山形工場でつくるよりコストがかかることがわかった。その時点で、J君を新社長から解任して、元の職場に戻した。

違う失敗なら100回やってもいいが、同じ失敗を2度するのは学習能力が足りない証拠。これは残念ながら降格もやむをえない。

それでも、**挑戦と失敗の反復こそが成長への早道。部下を本気で育てるのは、その延々たるくり返し**だ。

だから彼の失敗は、彼自身はもちろん、私にも会社にとってもいい財産になった。

仕事を思い切ってまかせるから、社員がプロフェッショナルになる

多くの日本企業の最大の欠陥は、社長のがんばりすぎとともに、減点主義の人事評価制度にある。だから97%もの会社が、たった4000万円の経常利益さえ超えられないのだと、私はにらんでいる。

ちなみに未来工業は、1995年から売上高も200億円を超え、創業から2012年3月期までの平均経常利益は約16・5億円。年間休日が140日とおそらく日本一多いにもかかわらず、利益率の高い会社として知られている。

差別化を得意とするウチでは、失敗はマイナス評価にならない。

会社や上司が失敗をマイナスと見てしまうと、誰も試行錯誤をしなくなるからだ。

とりあえず上司のいうとおりにしていれば、その失敗は上司の責任であって、自分の責任にはならない。そういう環境から、いい仕事が生まれてくるはずはない。

開発部の人間が「○○○の改良をやってみたい」といえば、止める者はいない。

「面白いから、どんどんやってみなさい」

「それは一度やってみる価値があるぞ」

そういわれるので、社員はうかつに「やりたい」といいにくい職場でもある。一度口に出せば、その製品が完成するまで、自力でなんとかしないといけなくなるからだ。

1985年に新社屋と新工場を建設するときも、私は一切口出ししなかった。

「自分たちが働きやすいように、社屋も工場もつくってくれ」

私がいったのはそれだけ。

権限と責任を与えられれば、社員たちも真剣に考えざるをえない。新社屋と工場ができれば、がんばって稼がないと大変なことになると、仕事にも集中する。それが当事者意識というものだ。

なんでも管理、管理と騒ぐと、社員は当事者意識をもてないまま、年齢だけを重ねてしまい、上司のイエスマンばかりの職場になってしまう。

また、国内工場は5カ所だが、各工場で必要な機材は、現場の社員たちに話し合って決めてもらっている。普通の会社なら、稟議書《りんぎしょ》を回して、複数の上司の許可を得てからでないと、製造機器一台さえ購入できないはずだ。

現場を見たこともない管理職たちから、いろいろな邪魔が入り、膨大な時間と労力が浪費される。

中途半端な管理主義が、自分で考えて行動するプロフェッショナル社員への成長を阻んでいる。

「社員提案制度」から生まれた製品をなくさない理由

未来工業には「デンコーマック」という名前の電気工事用ナイフがある。

ケースとの一体型で、ズボンのベルトにかけることができて二重ロック式。住宅内の電気工事全般で使われている当社の人気製品だ。年間1万本を売り上げている。

その魚釣り版で「デンコーマック（ハン

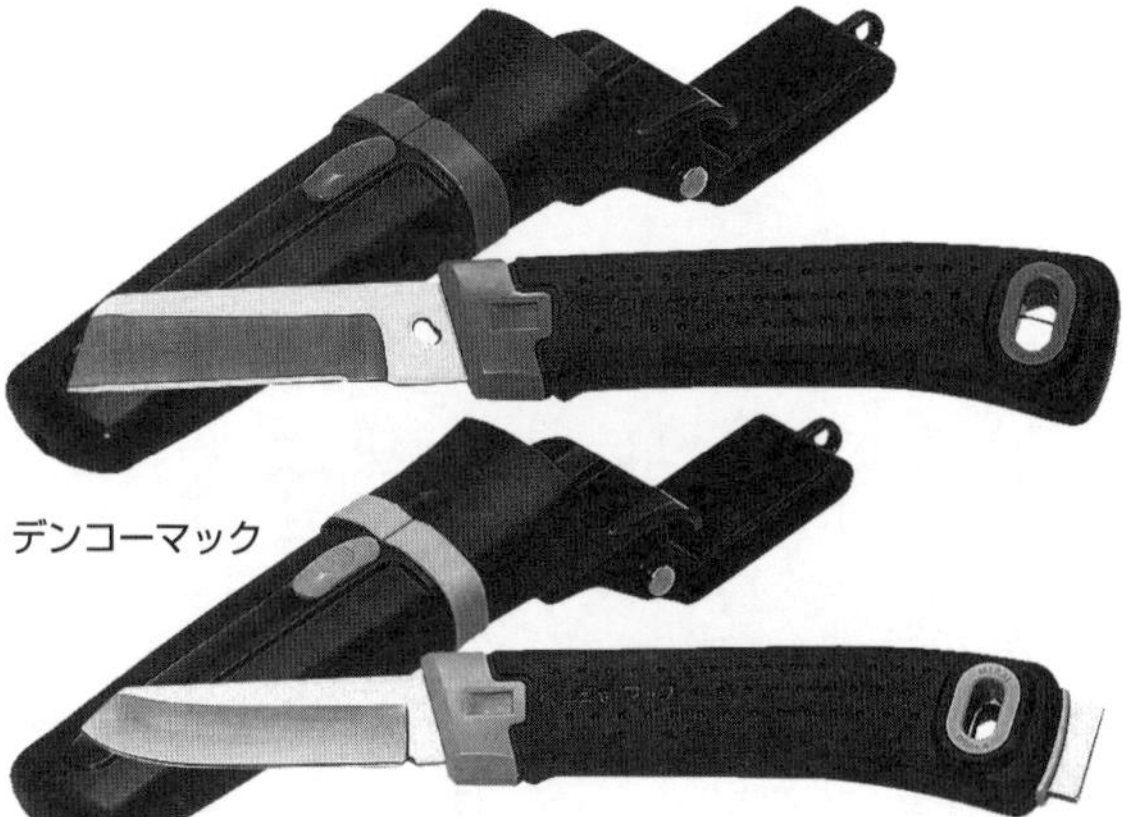

デンコーマック

デンコーマック（ハンマー付）

マー付)」という魚釣り用ナイフがある。

社内提案制度で社員のアイデアが製品化されたもの。海水に濡れても錆《さび》ないように、刃の部分をステンレス製にして商品化した。

ところが、年間販売数は400本程度。あまり売れていない理由は百も承知だ。

ウチは電気工事業者に使ってもらう電気設備資材メーカー。営業網もそういう業界にある。つまり、魚釣り用「デンコーマック(ハンマー付)」の営業先になる釣具店は、ウチの営業網には入っていない。無理に営業回りしても、そのコストに見合う売上げは見込めないはずだ。

だが、魚釣り用「デンコーマック(ハンマー付)」は、電気工事用「デンコーマック」と同じ金型でつくることができ、初期投資もいらず、年間400本程度製造しても、さほど損にはならない。

「社内提案制度」にもとづき、社員たちから絶えず種々雑多なアイデアを引っ張り出しつづけるには、そのゴールモデルとなる製品がきちんと残っていくことが不可欠だ。

それは失敗した社員を降格させないことと同じくらい重要なことだ。

目に見える人事、目に見える製品こそが、社員たちには何よりも雄弁。

そのために魚釣り用ナイフ「デンコーマック（ハンマー付）」は、未来工業が存続しつづけるかぎり、なくさない。ひとりでも多くの社員を当事者意識と、コスト意識をもったプロフェッショナルにするためだ。

上司は○○のカリスマを目指せばいい

部下ががんばる会社にするための発想法について延々と書いてきた。

「部下にどんどん仕事をまかせたほうがいいことはわかったが、では自分たちは何を、どうすればいいのか？」

そんな疑問がふくらんできた人も多いだろう。もっともだ。

ズバリいえば、**上司の仕事は自分なりのカリスマを目指すこと。**

仕事を分析すると、会社が儲かるための7つのポイントが浮かび上がってくる。

【会社が儲かるための7つのポイント】

①たくさん売る

②高く売る
③安くつくる
④いいものをつくる
⑤たくさんつくる
⑥安く買う
⑦いいものを買う

この7つのポイントの中で、自分が得意とするものを選び、他人より頭ひとつ、いや、ふたつ分抜きん出るための努力を惜しまないこと。**どれかひとつのポイントで社内の、部署内のカリスマになれば、部下は黙っていても、あなたのまわりに集まってくる。**

7つのポイントでピンとくるものがない人は、職場を見渡してみて、「ああいう上司になりたい」と思う人を見つけること。なぜ、自分がそう思うのかを考えれば、自分が上司として足りない能力、人望、仕事への姿勢などが見えてくるはずだ。

そうして努力する過程そのものが、「常に考える」ことになる。

第3章

お客さんを
感動させられるから
仕事は面白い

mirai
ism!

(社員を感動させる編)

出張費は事前に渡し切り方式だから、社員は喜んで考える

会社としては、いかにお客さんを感動させるかが最大のテーマ。

しかしながら、「敵をあざむくには、まず味方から」ということわざがある。敵をあざむくには、まず味方からあざむく必要を説いたもの。

これをマネしていえば、未来工業では、

「お客さんを感動させるには、まず社員から」

になる。

えっ、どうして会社が社員を感動させる必要があるのかって？

理由は簡単明瞭。**仕事を通じて感動したことがない社員に、お客さんを感動させることなんて、できっこない**からだ。どこを、どう感動させればいいのか、そのツボだってわからないはずだ。

たとえば、**未来工業では出張時の宿泊費は、事前に渡し切り方式**にしている。

宿泊費は1人1泊1万円だから、それより安いビジネスホテルに泊まって差額を浮かせても、逆に自腹で5000円出して1・5万円のワンランク上のホテルに泊まっても構わない。5000円分のサービスや設備の違いを体感することは、営業マンには新たな知識と想像力をもたらしてくれるかもしれない。

第1章にも登場した営業マンのYさんは、カプセルホテルで出張費を倹約し、その残りで地元の有名店に食事に行くことにしているという。

事前にネット検索で口コミ評価の高い店を調べ、おすすめの郷土料理を食べてみる。おいしければ、出張時の営業先での話題として使える。

誰だって地元の店や郷土料理をホメられて悪い気はしない。その話題だけで、相手との距離感をぐっと縮められる。

万が一、味がイマイチだったら、その失敗談を営業先に正直に伝えて、どこかおいしい店を紹介してもらえばいい。そのやりとりだけで、お互いの緊張感は適度にほぐれるのだという。

Yさんの営業トークネタづくりは、未来式「事前渡し切り」効果のひとつといえる。**営業マンが各自の担当エリアで見聞を広めることは、必ずどこかで役に立つ。それが営業という仕事の面白さ**だろう。

実費精算では、そうはいかない。**たしかに実費にしてコスト意識を植え付けることも必要だが、節約主義からは創意工夫のアイデアは生まれづらい。**

交通費に関しても同じだ。

ウチは遠距離の交通費も、基本は新幹線か飛行機料金で事前に渡す。

東京・大阪間なら夜行バスを使えば、約3分の1の料金。その分、時間はかかるし、身体は疲れるが、3分の2がそっくり自分のお小遣いになる。

普段は行かないワンランク上の飲食店でおいしいものを食べてもいい。次の接待で使えるお店になるかもしれない。それだけで出張そのものが楽しみにもなるだろう。自分の見聞を広めることにもつながる。

かなり前から決まっている地方出張なら、飛行機会社の早割制度を使う手もある。

頭を使えば、自分の得になる。そこに喜びや感動が生まれる。だからこそ人は一生懸命に考えるのだ。それも「常に考える」習慣づけにつながる。

3人の社員の通勤のために、10人乗りの社用車を使う

岐阜県の大垣市駅前から本社までは、車でも30分近くかかる。

マイカー通勤の社員は構わないが、車をもたない女性社員たちで駅前近くに住んでいる人は、会社近くまで運行しているバスもない。

そこで社員にお願いして、朝と夕方の1回ずつ、そういう女性社員たちの送迎を、10人乗りのワンボックスカーでお願いしている。利用しているのは女性社員3名。もちろん無料だ。

「わずか3名のために、おまけに社員に送迎させるなんて、人件費をふくめて大変な経費の無駄遣いだ」

と眉間にしわを寄せる人がいるかもしれない。

だが、ウチの約800名は全員、正社員だから仕方がない。それに、そういうケチ臭い発想をする人は、きっと見るからに幸が薄く、貧乏臭い顔つきをしているだろう。

なぜなら、そういう**細かい目配りこそが社員を感動させる**からだ。

近ごろの世知辛い世相を考えれば、きっと喜んでいてくれるはずだし、他社にはマネできないから会社としての差別化にもつながる。だから小さく見れば非効率だが、大きく見れば、きわめて合理的。

社員の不満をできるだけ減らすことが、経営者や各部署の上司が「常に考える」べきことのひとつでもある。

何よりもその感動が、もしかするといい仕事に結びつくかもしれない。そんな費用対効果は計測できないし、計測するつもりもない。それが日本人だという信念が私にあるだけだ。

社員の不平不満はアッという間に増殖する

わずか3人の社員のために、車で、しかもタダで送迎するなんて無駄だと考える人もいるはずだが、私にいわせれば、そういう考え方の人はマネジメント力が欠落している。朱に交われば赤くなるというが、いろいろな人たちが集まって働いている職場というものは、わずか一滴の朱でも赤みを帯びてしまう。

その3人が、大垣駅からバスに乗ると、最寄りの停留場から、会社までさらに歩いて通わないといけなくなる。時間もかかるし、バスの本数もなく、不便なことこのうえない。

そうなると当然、不満をもつ。不便な通勤への不満が、誰かの悪口や上司への批判へと形を変えて出るかもしれない。そういうマイナスの空気はまるで病原菌みたいに、アッという間に職場に伝染していく危険性がある。

「そんな大げさな」と考える人は、今日にでも管理職の肩書きを自ら返上したほうがいい。そういう無神経な人に管理職はつとまらないし、部下を感動させることも到底無理だからだ。

「治に居て乱を忘れず」ということわざがある。

天下泰平の世の中であっても、戦乱が起きる場合もあることを常に忘れず、その用意を怠ってはならない、という教えだ。

もちろん、いまの日本で戦乱が起きることはないが、社員の不満の芽を甘く見てはいけない。

また、「2・6・2の法則」というのがある。

どんな組織でも優秀な社員は全体の20％で、あとの60％は普通で、残りの20％は出来が悪いという意味。試しに、あなたの部署のことを考えてみればいい。

しかし、私の持論だが、社員一人ひとりの不満を消そうと細心の注意を払っていれば、この出来が悪い2割の人たちを、6割の普通のレベルにまで引き上げられる。その2割の人たちが仕事への意欲を引き出す仕組みを、私はいままであれこれと考えて実践してきた、といっても過言ではない。

できる範囲で構わないから、管理職たる者、たったひとりの社員の不満でも消す努力を惜しんではならない。たとえ自分の力では消せなくても、せめてその不満を受け止めてやる必要がある。そこで本人も多少はガス抜きができるからだ。

自己申告制の375円社食に200円の会社補助で、誰もごまかさない

ウチの社員食堂は、麺類、どんぶり、定食の**どれでも**一食375円。

税法では、福利厚生費として、社食の半額以内なら、会社が負担することが認められている。だが、それ以上会社が負担すると、会社負担分全額が給与扱いとなり、社員には源泉所得税が発生してしまう。そこでウチは半額より10円と少し多くして、きっかり200円を負担している。

計算が面倒くさいこともあるが、10円ほどでも社員は喜ぶ。たかが10円、されど10円。幸い税務署も所得税を徴収しようとは思わないようで、社員もそのことはよく知っている。

この昼食に伝票はなく、あくまでも自己申告制。だから極端な話、10回食べて20回だと嘘をついてもバレない。会社は調査するつもりもないから、「嘘をついてもいいぞ!」とあらかじめ社員たちにも宣言している。

だが、**社員たちの自己申告額と食堂の精算は、毎月ピッタリ同じ。誰ひとり、1円た**

りとも、ごまかしたことがない。

最近見過ごされているけれど、これが日本人の長所だ。

第1章で紹介したように、ホウレンソウ禁止の7時間15分の勤務時間だからこそ、社員たちが自主的に各自の仕事を組み立て、密度の濃い仕事を心がけるのと同じ。

信頼が前提だからこそ、日本人の生真面目さが発揮されるのだ。

けれど、会社側が「社員たちがごまかさないだろうか」と疑って管理しはじめると、多数ではないが、ごまかす社員が必ず出てくる。人間の心理を常に考えていれば、誰にもわかることだと思うのだが、現実にはそうでもないらしい。

「社員を信用できないなら、最初から雇わなければいい」と思うのは、私ひとりだけではないだろう。

日本人には「アメとムチ」ではなく「アメ・アメ・アメ」作戦こそ最善の労務管理

未来工業にはタイムレコーダーがない。

まず機械代と紙代がもったいないからだが、理由はもちろんそれだけではない。**人間は面白いもので、「休むな」といわれれば休みたくなり、「休んでもいいぞ」といわれると、休めなくなる。とくに生真面目な日本人は、そういう傾向が強い。**

だから、ズル休みも1年間OKにしたかったのだが、残念ながら、日給月給という制度での欠勤控除の考え方（月給から欠勤による不就労分を日割り計算で差し引くこと）もあり、1週間しかOKにできなかった。

つまり、**月に1週間以内なら、何日休んでも月給は満額支払う。**

それでも、日本人はいざ毎月1週間ズル休みができるぞといわれると絶対に休まない。

「いくらズル休みできるといわれたって、給料は同じなのに1週間も休んじゃあ、さすがに会社や同僚にも悪い」

と、たいていの社員が考えるからだ。

1週間休んでも給料から引かれないから、働くことを「自分の義務」と考えるようになる。私は農耕文化型思考と儒教の遺伝子が、日本人のそんな生真面目さの起源だと考えている。

「会社が自分のことをそこまで信頼してくれるなら、仕事もがんばろう」

それこそが日本人のメンタリティー。そこに個人差はあっても、何らかの感動が必ず生まれてくる。

ところが、「1日たりともズル休みなんて許さない」と会社が管理しはじめると、「どうやってズル休みしてやろうか」と考える人間が少数ながら必ず出てくる。

休むことを「自分の権利」とさえ考えるようになる。どちらかといえば、欧米の狩猟採集民族の思考に近い。その「休むことは権利」という考え方が職場の空気をかき乱してしまう。朱に交われば何とやら、だ。

会社と社員間の関係は、目に見えない作用・反作用のようなもの。会社から信頼されていると思えば人は努力するし、管理されていると感じれば、どうやってサボってやろうかと考える。

人心掌握術として「アメとムチ」だと一般的にいわれるが、私にいわせれば、まだまだ中学生レベル。

日本人気質を考えれば、「アメとムチ」ではなく、「アメ・アメ・アメ」作戦こそが、生来の生真面目さを発揮させる最善の労務管理だ。社員をあれこれと管理するのが三度の飯よりも大好きな上司や企業は、日本人の本質を完全に見誤っている。

人事部門の関係者ほど、人間の本質を「常に考える」という点で、まるで修錬が足りない。

出戻り社員だからこそ歓迎する

「アメ・アメ・アメ」作戦をどんどん紹介したい。

元社員がふたたびウチに就職したがっているという話が、私の耳に入った。

だが、多くの社員たちは、どうも気に食わないようだった。要するに、そんなムシのいい人間は信用ならない、というわけだ。

しかし、それはなかば感情論で、出戻りたいと考えている元社員の気持ちに対する想像力をあまり働かせていない。**出戻ることに対する後ろめたさがない人間など、おそらく皆無**だからだ。「常に考える」のレベルが低い。

私の見方はまるで違った。

ウチを辞めてほかの会社で働いてみて、彼は未来工業のよさが身にしみてわかったから、戻ってきたがっているのだろう。それなら、**「一度辞めたのに申し訳ない」という**

気持ちも強いだろうし、再度受け入れてもらえば感動もするだろう。

もちろん、まわりの視線が厳しいことも想像がつくはずだ。そのためには、自分の必要性を認めてもらおうと、以前にも増して、がんばって働いてくれるはずだ。だから、快く雇ってあげればいい。

実際、彼は職場復帰してから、周囲の疑心暗鬼な視線を浴びながらも、自分なりに考えて一生懸命働いてくれている。じつに日本人らしいではないか。

サラ金で3000万円借金の社員をクビにしなかった理由

部長職からヒラ社員にした人間が、未来工業にひとりいる。

パチンコにハマってしまい、消費者金融から3000万円も借金してしまった。まだ問題が表面化する前にこの話が私の耳に入り、これにはどう対処するかちょっと迷った。

会社での業務にとりたてて重大な支障を与えたわけではない。

ただし、本人の話を聞くと、業務時間中に何度かパチンコをしていたことはあったのだという。

そこで部長職から一般職に戻した。だがクビにはしなかった。

その際、私がいちばん考えたのは、本人の気持ちと、ほかの社員の受け止め方。おそらく一度はクビを覚悟したはずの本人は、きっと感動しただろう。

他方、一般社員の受け止め方はさまざまだろう。

「あれでクビにならないのなら、と似たようなことをする人間が出てきたら怖いな」と思う人間もいれば、「あんなことをしでかしてもクビにならないなんて、未来工業はやっぱりいい会社だなぁ」と思う人間もいるはずだ。

どちらの社員のほうが多いかを考えたら、やはり後者だろう。だからクビにはしなかった。

そのほうが多少なりとも感動があるにちがいないと思ったからだ。

70歳定年制だから、65歳で年収700万円という待遇

「いい会社に入って、一生を終われるのは幸せ」

64歳の未来工業の元技術部長兼関連会社社長のコメントが、2010年1月3日付の

『朝日新聞』に紹介された。経済のグローバル化が進む中、会社と社員の関係を問い直す連載企画で、彼が取材を受けたものだ。

「退職は、71歳の誕生日の前日までに、自分で決めればいい」

それがウチの再雇用制度の前提。それを利用して本社での現場復帰を決めた。元技術部長の現場復帰だから、彼なりにいまの職場で自分が貢献できることを考え抜いてのことだろう。

昔から、やる気のある、「常に考える」人間には、私は逆らわない主義。

もちろん現役時代に比べると、彼の役職手当は減ったものの、給料はピーク時60歳の水準が維持されていて年収700万円あまり。大手企業の定年延長制度でも、一般的には60歳時の3分の1という調査もあるらしいから、かなり破格の好待遇になる。

そこには必ず感動があるはずで、「会社に恩返しをしたい」という想いも強まっているにちがいない。そこに、いい仕事、素晴らしいアイデアが生まれる可能性が潜んでいる。

その記事には私のコメントも紹介されている。

「生き残るには、一人ひとりが製品や仕事の差別化で工夫するしかない。それには働く人がやる気を起こす会社にするのが、いちばんの近道だった」

働く人がやる気を失うようなリストラや福利厚生策の縮小などで、企業収支の帳尻をなんとか合わせようと懸命な企業の人事部長には、きっと嫌みな発言に見えただろう。

80団体に月1万円の補助
——年間1000万円のクラブ活動支援

ウチの社内提案制度のことは、いままで何度も書いてきた。

そのほか、業務外についても、社員が何かやりたいと考えて提案し、会社がそれを採用すれば、何でも実現できる。

クラブ活動もそのひとつで、5人集まって申請すれば、毎月1万円の補助が出る。何事につけ常に考える人間は応援する、それがウチの社風。

ちなみに、その活動内容などについて会社側の審査はない。犯罪に関連するようなものでなければ、まるで問題なし。そもそも、審査をする人間を置くのはもったいない。

たとえば、火曜日の昼休みは、昼食を終えた社員たちが、リズム体操と韓国武術のテコンドーをクラブ活動として汗をかいている。メタボリック対策らしい。

リズム体操とは、営業業務課の女性社員たちが主要メンバー。

エアロビクスとコア体操を混ぜたもので、韓国女性に近ごろ人気らしい。週1回、DVD教材をテレビで見ながら、10人ほどの女性たちが約20分間、身体を動かしている。机上のパソコン作業などが多いため、全身を使う運動は血行をよくして、いい気分転換にもなるらしい。クラブ費で本社4階の空き室を、トレーニングルーム風に改装してしまった。

彼女たちのあとは、開発部の男性有志が韓国のテコンドー練習で使う。どうやら、テコンドーの日本代表クラスの社員もいるらしい。

いまや約80のクラブ活動があるらしいから、補助金額は概算で年間1000万円。メタボリック対策のクラブ活動も、自分の時間を大切にしようという意味では、残業禁止の延長線上にある福利厚生策でもある。

会社だから仕事はもちろん大切だが、人は仕事をするためだけに生きているわけではない。

言い換えれば、**「仕事をするためだけに生きている」**ような社員には、**「常に考える」**

なんてクリエイティビティは望みようがないともいえる。

「人材」ではなく「人財」を活かす

昔から「人材」という言葉が気に入らない。

「人」の字に、「材料」の「材」の字をくっつけるのは、近ごろの「人件費」の扱い方にも似て、人間をモノ扱いしている気がしてならない。その延長線上に、働く人をコスト扱いする会社側の視線がある。

むしろ、**会社を活かすも殺すも社員たち次第なのだから、あえて書けば「人財」のほうがふさわしい。**

創業者や経営トップができることなど、たかが知れている。社員という集団がいてはじめて会社は機能するのだから、「人財」を活かす、やる気にさせることが必要になる。

未来工業では、社員約８００人弱の全員が正社員。

他社の場合、一般的にパートや契約・派遣社員たちの仕事も、正社員と大差ないようだ。

それで給料が正社員の半分で、ボーナスは微少、退職金はゼロ。普通の知能をもった人間なら、そんな待遇で「会社のためにがんばろう」と考えるだろうか。職場で「常に考える」姿勢だってもちようがない。

そういう社員の存在は、大なり小なり、正社員にも悪い影響を及ぼす。**水が高いところから低いところに流れるように、人間の集まる職場は、前向きの感情より後ろ向きの感情こそ広まりやすい。まさに、朱に交わると赤くなりやすい。**当然、社員の士気は上がらず、生産性だって下がるだろう。

月給30万円の正社員を月給15万円の契約社員に取り換えると、たしかに人件費は2分の1で済む。しかし、その程度の「算数」しかできない人間に、経営やマネジメントなどできるはずがない。

「人件費、人件費」と口ぐせのようにいう会社は、働く人間をモノとしか見ておらず、働く人間の気持ちを完全に見損なっている。職場とはさまざまな気持ちの集合体だということが理解できていない。「常に考える」方向がまるでトンチンカン。

木は見ていても、まるで森を見ていない。企業経営においては致命的欠落。

人件費が半額に圧縮され、企業収支が改善したと喜んでいるのは、きっとテレビによく出てくる、一緒に酒を飲んでもまずくなりそうな、貧相な顔つきの人事部長とサラリーマン社長ぐらいのものだ。

（お客さんを感動させる編）

同業他社の製品ポスターを社内に貼った理由

「他社のお客さんでも大切にする」というのも、未来工業究極の差別化のひとつだ。

理由は、いつかウチのお客さんになってくれるかもしれないから。

たとえば、会社にはいろいろな人から電話がかかってくる。他社製品を買うつもりで、何を勘違いしたのか、ウチに間違って電話してくる人までいる。

自社製品については、細かな製品番号まで記憶している社員たちも、さすがに他社製品となると、その対応はあいまいにならざるをえない。

そのとき私は、間違い電話をかけてきたお客さんの立場で考えてみた。

——もし、自分が違う会社に電話した場合、どんな対応をされれば、感動するだろうか。

やはり、嫌な顔（いや、電話の場合は声か？）ひとつせず、丁寧に別の会社の製品の特長を説明してくれたり、問い合わせ先の電話番号まで丁寧に教えてくれたら、きっと心を揺さぶられるにちがいない。

もしかしたら、その親切な対応に感動して、ウチの製品に切り換えてくれる人だって出てくるかもしれない……。

私の想像力はどんどん先走りしていき、「これだ！」とひらめいた。

さっそく同業他社の人気製品のポスターを社内に貼り、間違い電話のお客さんにも、できるだけスムーズに対応することにした。

目に見えていれば、社員だって否が応でも頭に入る。

こんな会社は、きっと世界中にもなかなかないから、ワールドワイドな差別化だ。

また、究極の差別化とは、製品仕様や値段、広告宣伝だけにかぎらず、他社が簡単にはマネできない（あるいはマネする気にもならない）、非合理的な取り組みまでふくめて競争優位を保つことでもある。横並び意識がことさら強い日本では、とくにそうだ。未来工業の年間休日１４０日や年末年始の20連休も、この延長線上にある。

「未来工業さんだからできるけど、ウチにはとても……」
「山田さんのマネなんて、普通の会社はとてもできっこないよ」
ライバルや他業種からそういわれるようになれば、すでに勝負はついている。

電話で「お待ちください」を禁止した理由

この差別化の考え方は、会社でも個人レベルでも、やる気さえあれば誰でも、いつでもマネできる。

「お客様の電話代がかさまないための、お手伝いを心がけております」

10人の女性社員がいるウチの営業部業務課に、**「お待ちください」禁止令**を出したことがある。

取引先やお客さんからの問い合わせの電話に対して、すぐに答えられないと、普通は「少々、お待ちください」ということになる。

それが禁止になると、どうなるか。

社員たちは、未来工業で扱っている個々の製品機能や性能、価格や材質などについての知識を身につけなくてはいけない。製品番号だって、できるかぎり覚える必要も出てくる。

そのうえで、お客さんからのいかなる問い合わせにも、手早く、簡潔に答えなければいけない。

数年間の試行錯誤を経て、業務課の女性たちはそれを実現してくれた。

昔は、「担当の営業マンに代わってくれ」と叱られていたが、彼女たちの簡潔な対応がお客さんからホメられるようにもなった。

そこで、私はお礼とともに、次のリップサービスを言い添えるように助言した。

「お客様の電話代がかさまないための、お手伝いを心がけております」

ちょっとしたワンフレーズで、相手の受けた好印象をより際立たせることもできる。

これも立派な営業トーク。

会社の経費だけでなく、お客さんの通話時間と電話料金を節約することは、立派な顧客サービスにもなる。

お客さんを感動させれば、高い製品のほうを買ってもらえる

あるテレビ番組で、20代の男性が、アップル社のiPhoneやiPadと比べて、「日本の家電メーカーの製品に、最近ワクワクさせられることはありませんね」と無表情に言い捨てた場面を見たことがある。

家電メーカー苦境の理由が端的に語られているし、「企業の目標はお客さんを感動させること」という私の持論を裏付けるものでもあった。それが実現できれば、お客さんは多少高い製品でも、迷うことなく買ってくれる。ブランドとはそういうものだ。

前に紹介した、未来工業の電気工事用ナイフ「デンコーマック」もそうだ。同製品には元値1000円版と2000円版があるが、なぜか2000円のほうが約9割の売上げを独占している。

2つの製品の相違点は、皮むき機能の有無。

ここまで読んだ人は、「それがとても使い勝手がいいから、2倍の値段のほうが売れるんだろうな」と想像するかもしれないが、残念ながらそれは違う。

プロは、皮むき機能など使わず、コードを一定の長さに引っ張ってから、ナイフでスーッと切り込みを入れ、ナイフ刃で電気コードの電線の皮をきれいにむいてしまう。だから、ナイフで全部処理ができるのなら、値段の安いほうでじゅうぶん間に合うはずなのだ。

その理由を正確に調査したことはないが、いくつか思い当たる節はある。

ひとつは、最近、電設部品（住宅などの電気工事で使う部品）に求められている、

・使う側の熟練度に関係なく使えるもの
・工事の時間短縮に役立つもの
・より安全なもの

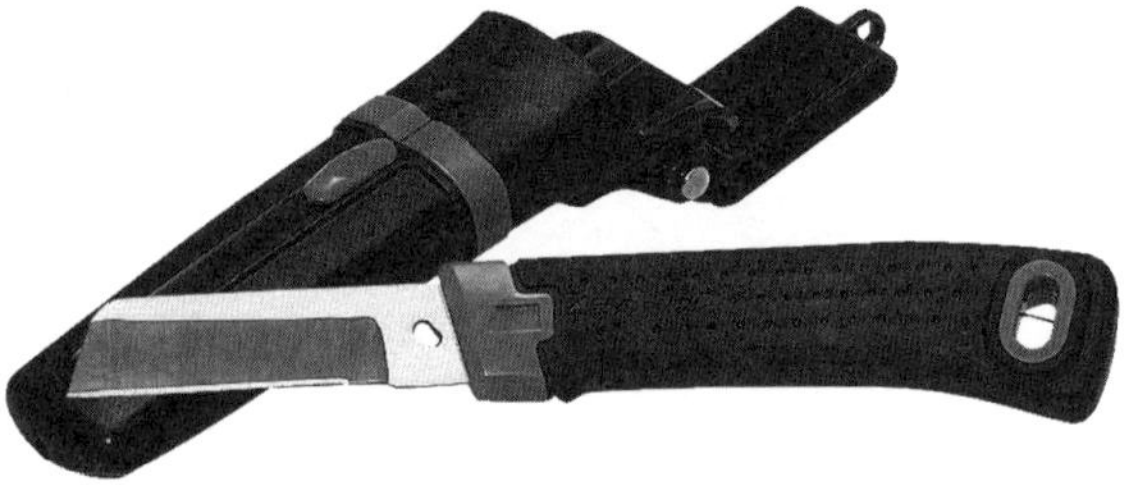

2000円のデンコーマック

1000円のデンコーマック

という3要件を2000円のデンコーマックが満たしているから。

そこに電気工事者の感動があるとすれば、製品開発のトレンドが、いわゆるプロ仕様から、初級・中級者仕様へと変わってきている動向も感じ取れる。

また、**選択肢が2つあるから、単純に高いほうが売れるという消費者心理もあるかもしれない。高いもののほうが、イメージとしての「便利」や「作業効率」や「安全」に直結しやすいから**だ。

だから2000円タイプが9割だからとはいえ、1000円タイプをつくらなくてもいいという話ではない。**選択肢があるからより高いものが売れる要素もあれば、世知辛い世の中、「より安いもの」を求める心理も無視できない**ためだ。

高シェア商品の人気の秘密は、けっしてひとつではない。

「未来工業の製品は高いけど、1日6現場はこなせる」という差別化

未来工業は、ライバル社が価格競争を仕掛けてきても、値段を下げない。

いったん下げてしまうと、液晶テレビみたいに泥沼の値下げ地獄に引きずり込まれてしまう。その行き着く先は、近ごろの電機メーカーの赤字決算を見れば明らかだ。

だから、**小さな差別化でもいいから他社にはない製品をつくり、それ相応の値段をつけ、お客さんに喜んで買ってもらえる方法を、社員全員が常に考えつづけている。**

「いいものを、どこよりも安くご提供します」

そんな決まり文句が流通する日本では、未来工業の値下げしない姿勢はかたくなで、きっと異質なものに見えるだろう。

「未来工業の製品は高いけど、1日6現場はこなせる」

だから、電気工事業者さんのそんな言葉はとてもありがたい。

他社製品なら1日4現場がせいぜいなのに、未来工業の製品だと作業効率がいいから6現場もこなせる。だから他社製品より高くても、その増収分でじゅうぶん吸収して、

おつりが来るということだ。使いやすさが、工事業者にとって「増収」という感動の「種」になっている。

製品の用途によって、それは見た目のかっこよさや軽さ、斬新なアイデアやデザイン、高い機能だったりするのかもしれない。いずれにせよメーカーであろうと、サービス会社であろうと、自社の製品やサービスがどんな差別化によって、値下げしなくても売れるようになるのかを「常に考える」必要がある。

おそらく「いいものを、どこよりも安く」に慣れ切った思考回路では、それがいちばん難しいはずだ。

原材料の仕入れ先を〝逆接待〟する理由

未来工業は、一次ユーザーである電設部品問屋さんへの接待を認めていない。

エンドユーザーである電気工事業者に対しても同じ。接待費は売上げを削るものだから、ドケチな私としてはやりたくない。

それに、同業他社では問屋への接待は当たり前だから、会社としての差別化にもならない。

その代わりに、といってはなんだが、製品の原材料を供給してくれている仕入れ先を接待している。主に製品用途に応じて加工するプラスチックやビニールの製造メーカーだ。

常識からいえば、これはアベコベだ。

本来なら一連のメーカー側が、ウチに対して、

「では、ぜひ来年も、ウチから原材料をご購入ください」

と、時代劇の悪役「越後屋」をマネて、菓子折りの下に金色にキラリと光る小判でも挿入しておいてもおかしくない（残念ながら、そんなことは一度もないが）。

だから、**常識破りの〝逆接待〟も未来工業らしい差別化**といえる。

その証拠に、同業他社は理解しかねるらしく、どこもマネしようとはしない。地元の税務署からも呆れられたほどだ。だから接待される相手側も戸惑っていて、どこかオドオドしている。

これには、他社との差別化以外にも理由がある。

相手の担当部長らは、私たちメーカーへの接待費枠をもっている。にもかかわらず、

ウチは彼らを逆接待しているわけだから、「感動」とともに「心理的な負い目」が必ずある。同時に、接待されて恐縮はしても、悪い気分になる人間もいない。

だから納品するプラスチックやビニールの値段だって、

「やっぱり、少しは値下げしてあげないとマズいかな……」

と普通の神経の持ち主だったら考えるはずだ。生真面目な日本人なら、なおさらだ。

しかも、ウチの原材料の年間購入額は、先の対メーカーへの飲食接待費とはケタが違う。原材費のほうが断然高額だから、未来工業としては、多額の原材料コストの節約にもつながるというわけだ。

相手を逆接待することで多少なりとも感動させ、なおかつ「損して得とれ」作戦でコスト削減につとめる。

山田式「常に考える算数」の本領発揮だ。

仕事は「頭」ではなく「身体」で覚える

いま流行の「ワークライフバランス」や「オンとオフとの切り換え」なんて、したり

顔で話す人もいるが、私にいわせれば、そんな器用なことができる優秀な社員は、昔もいまもひと握りでしかない。

普通の社員がその上っ面だけマネをすれば、必ずや中途半端で終わる。

私をふくめて普通の人間は、相手が営業先でもそうでなくても、常に相手が喜ぶこと、感動することを考えたほうがいい。公私の別なく、その習慣づけこそがいい仕事に結びつく。

「この人は取引先だから一生懸命に喜ばせるけど、あの人は仕事とは無関係だから、どうでもいいや」

それでは、「頭」では覚えても「身体」で仕事を覚えるレベルとはいえない。「常に考える」を甘く見てもらっては困る。

私の話で恐縮だが、毎年1月は髭《ひげ》を伸ばすクセがなかなか抜けない。

営業の最前線を退いてからもう何年も経つのに、いまでも年明けは髭を剃《そ》らない。

「年始早々、集金に来る営業マンは縁起が悪い！」

その昔、お客さんにひどく叱られたからだ。これは平日でも同じ。その日最初のお客さんより先に、営業マンが顔を見せるのはよくなかった。

「お金を払ってくれるお客さんより、お金をもって行く人間が先に来ると、その日一日、お金が出っぱなしで入ってこなくなるようで、縁起が悪いやろ」

よく営業先で嫌な顔をされた。おそらく、いまでは想像もつかないはずだ。

それが一年の始まりとなると、こちらとしてはなおさら気を遣わざるをえなかった。だから年末の集金は大晦日がタイムリミット。あとは2月になるまで我慢する。それが商慣習だった時代がある。

だから毎年1月は、私のアゴ髭も伸び放題。右手に自分の背より高い杖か棒でももてば、仙人役で舞台にも立てるほどだった。

もちろん、年末は営業先も支払いが立て込むから、景気がよくないと、なかなか思うように集金できないこともある。そこはもちつもたれつで、こちらが折れて我慢する。仕事は「頭」でなく「身体」で覚える。いや、「身体」にしみ込ませる。

80歳を超えても毎年1月の伸び切った髭は、そのひとつの象徴だった。もっとも今年は3月になっても伸ばしっぱなしで、これはただの無精髭だけどな。

第4章

mirai ism

管理しないほうが人は働く

上司の仕事は、部下の不満をできるだけ消すこと

「義務」の考え方を刺激すると、どんどん真面目になる日本人

第3章でも触れたが、職場にタイムレコーダーがないのも、毎月1週間のズル休みをしても給料を定額支給するのも、社員食堂での食事が自己申告制なのも、創業者で当時の社長だった私のアイデアだ。

「どんどん嘘をついていいぞ!」

といわれると、誰もやらない。これが世界に誇るべき日本人の真面目さだ。

経営者から「嘘をついてもいいぞ」といわれると、「それだけ自分たちのことを信頼してくれているんだ」と受け止めて、社員たちはむしろ意気に感じて仕事をがんばろうとする。

経営者にかぎらず、管理職と呼ばれる人たちは、そういう「あ・うん」の呼吸も身につけなくてはいけない。それがマネジメントのひとつの極意であり、そのほうが断然、仕事も面白くなる。

もっといえば、「どんどん嘘をついていいぞ!」というのは、「私はみんなを大人扱いしているよ」というメッセージ。

会社の隅々にまでそれを浸透させるためには、くり返しいい続けることが必要だ。

ほかの会社みたいに、母親が子どもにあれこれ口うるさくいうようなマネはしないから、自分なりに常に考えて、がんばって働いてくれということだ。これは経営者だけでなく、管理職の立場にある人たち全員に、同じことがいえる。

しかし、日本人が大好きな「管理」の大半は、社員を子ども扱いすることと同じ。それでは自分で考えて判断し、行動する社員は永遠に育たない。

「管理しないほうが人は働く」とはそういうことだ。

口うるさい母親のいうことなんて、ある程度の年齢になれば、「はいはい、わかったよ」と、誰も耳を貸さなくなるのと同じ。

ところが、だ。

会社が一度、社員が不正を働かないようにと管理しはじめると、必ず嘘をついたり、ごまかすヤツが出てくる。

もちろん、そういうのはどの会社だって少数派だが、それでも職場にタイムレコーダーを導入し、社員食堂を伝票制にして細かくチェックしようとすると、その目をかいくぐろうと考えるヤツが必ず出てくる。母親みたいに口やかましくいわれると、つい、その反対のことをしたくなる子どもの心理に近い。そんな作用・反作用めいた部分がある。

正々堂々と入社試験や面接を受けて正社員として採用されたのに、「あれはダメ」「これもダメ」といちいちいわれるなんて、自分は社会人として信頼されていないのか……。

一度そう思ってしまうと、人は管理の網の目をかいくぐってでも、嘘をついたり、ごまかそうとする気持ちになってしまいやすい。たとえ少数でも、「朱に交われば赤くなる」で、そういう社員たちが組織を見えない形で少しずつ、だか確実に蝕《むしば》んでいく。

多数の人間が集まる職場とは、卵や野菜や魚と同じ。よく注意していないと、ちょっとしたことで傷み腐りはじめるナマモノ、生き物だ。

管理職の人たちにはそういう人間の習性を踏まえて、ぜひ繊細なマネジメント感覚を身につけてもらいたい。自分のちょっとした発言や行動が、まわりからどう見られるかに細心の注意を払ってもらいたい。

営業ノルマなしだから、日本人は「これぐらいはがんばらないと」と考える

未来工業には営業ノルマがない。

ホウレンソウもないし、毎月1週間ズル休みしても同じ給料を支払う会社だから、営業成績がよくても悪くても、給料が変わることはない。これも、「社員のみんなを信頼しているよ」という私からのひとつのメッセージ。

それが伝われば、多くの社員たちはこう考えてくれるはずだ。

「それなら、もらっている給料分ぐらいは、がんばらないといけないな」

これが真面目な日本人の「義務」という考え方。どちらかといえば、アジア地域の農耕民族タイプの発想でもある。

目標は社員一人ひとりが考えるべきものだ。会社が社員に目標を与えるのは、子ども扱いしているのと同じである。

反対に、ほかの会社のように、「会社は社員を信用していないから、信用されたいなら、まず、これぐらいは売ってくれ」というノルマ主義になると、真面目な日本人は「常に考える」ことより、ノルマをこなすことの優先順位のほうがグ～ンと高くなる。

会社や上司からの頭ごなしの「ノルマ」や「命令」は、それに対する「従属」や「依存心」を社員たちに高めてしまう。自発的に考えて行動する「常に考える」という未来イズムとは真逆の方向だ。

「いやいや、ノルマをこなすためには、いろいろ考えて創意工夫しなければいけないから、『常に考える』ようになるよ」と反論する人がいるが、それは「木を見て森を見ない」考え方。物事の上っ面しか見ていない。

そもそも、ノルマが前提で人間が考えつくことなど、たかが知れている。

私がこの本でも口を酸っぱくしてくり返している「常に考える」とは、そんな上っ面の話ではない。

あるいは、「ノルマをクリアしないと、給料を下げるぞ」というスタンスで接すると、「オレは別に給料が安くなってもいいから、ノルマなんて気にしない働き方を選ぶ」という態度だってありうる。

これは「給料分ぐらいはがんばらないといけない」という義務とは正反対の、「給料は減らされてもいいいから、その分、あまり働かない権利もあるぞ」という考え方。欧米に多い狩猟採集民族タイプの発想だ。ただのへ理屈といえなくもないが、ノルマ主義が会社側のへ理屈みたいなものだから、おあいこともいえる。

アメリカ人相手ならこれでもいいかもしれないが、未来工業は日本人の会社だから、やはり「義務」の考え方を刺激するほうが、人はより働いてくれるはずだ。

成果主義のコストもバカにならない

たいていの人は、自分に従順な部下のほうがかわいい。

仕事はあまりできなくても、お中元やお歳暮にいつも贈り物をしてくる若手のほうが、気心が知れていると思いやすい。同時に、いくら仕事はできても、自分にはなつこうとしない若手は、どうも好きになれない。

程度の差はあっても、人間とはそういう生き物だ。

そんな人間が、人を公平に評価するなどできっこない。だから成果主義は、職場に必

ずマイナスな感情を生み出す。マイナス効果の代償は数値化できないが、高くつくにちがいない。

それが私の考え方だから、ウチは成果主義を採用するつもりは金輪際ない。

未来工業はずっと年功序列の終身雇用制度。年齢とキャリア（勤続年数）だけで給料を決める。成績でどれほど上司を上回ったとしても、社歴の浅い人間の給料が少ないのは、仕方がない。

他方、70歳定年制だから、60歳の定年を過ぎても給料は減らない。

なにせ前にも紹介したが、64歳の給料が700万円という社員もいる。私はそういった年功序列の終身雇用が最も公平で、日本人にも合っていると思っている。

大企業の定年延長制度みたいに、あからさまに給料を減額するようなマネもしない。

人件費を下げると、たしかに数字上では大きなコスト削減になるだろうが、働く人の感情をどれだけ傷つけるのかは、数字にはできない。

日本人には年功序列で終身雇用がいちばん合う

もはや、年功序列の終身雇用時代は終わった——。

そんな報道をあちこちで目にするようになったが、それは一部の大企業や、そのマネをしたがる中小企業の話。日本各地に未来工業をはじめ、昔同様の年功序列・終身雇用制で社員を大切にしてがんばっている会社はたくさんある。

「いやいや、山田さん、甘い甘い。不景気な世の中、『アメとムチ』をうまく使い分けないと、業績は上がらないよ」と、訳知り顔でいう人もいるだろう。しかし悪いが、**ウチの会社は創業以来46年間、赤字になったことはない。**

それに「アメとムチ」の会社が、いったいどれだけ儲けているんだろうか？

そんなに「アメとムチ」が効果的なら、わずか4000万円の経常利益さえ稼げない会社が、どうして97%もあるんだろうか？

「アメとムチ」ではなく「アメ・アメ・アメ」主義の私としては、大いに理解に苦しむ。

「もらっている給料分ぐらいは、がんばらないといけないな」

そういう生真面目な日本人には、年功序列・終身雇用のほうが合っている。

「どれだけがんばっても、反対に、どれだけ働かなくても給料は同じなら、社員はやる気が起きないはずだ」と批判する人が必ずいるが、アメリカ人はそうかもしれないが、日本人は必ずしもそうではない。所変われば品変わるで、アメリカでうまくいっていることが、必ずしも日本でうまくいくとは限らない。

生活も収入も安定のほうが好きな日本人は、がんばっただけ収入が上がる分、成果が残せなければ、収入がどんどん減ってしまう評価制度は歓迎されない。

むしろ、**「この部署、この営業所では、自分が一番のセールスを上げている」という暗黙の了解のほうが、名誉欲や自己顕示欲が刺激され、人が働くモチベーションになる。収入の多寡だけが人間の働く原動力ではない。**

そもそも、年功序列の終身雇用が原因で倒産した会社が、いったい、どれだけあるのだろうか？

ホウレンソウ禁止だからこそ誕生した「未来せんべい」

報告・連絡・相談の、いわゆるホウレンソウは、いずれも部下が上司に行うもの。

当然、部下は自分が考えていること、感じていること、不満に思っていることの半分どころか、5分の1も口にしないはずだ。上司相手に話す場合、社員はそれだけ萎縮するし、突拍子もない企画や着眼点が出てくるはずもない。

万が一出てきても、「何をバカなことをいってるんだ、そんなの売れるわけないだろっ！」と一喝されて終わり。

いわゆるホウレンソウが社員を萎縮させてしまう以上、それは管理のはじまりだというのが私の持論。

アイデア勝負の中小企業であるウチの場合、むしろ突拍子もないモノの考え方やアイデアこそが必要だから、社員を萎縮させては元も子もない。だからホウレンソウは禁止している。

じつは電機メーカーである未来工業は、なぜか、せんべいもつくっている。「MIRAI」の文字の下に傘マークみたいな、会社のロゴマークが入っている茶色い味噌せんべいだ。この突拍子もない一品は、まさにホウレンソウがないからこそ誕生したものだ。

さすがにウチで製造、販売しているものではない。

テレビや新聞、雑誌などでウチのことに興味をもち、会社見学にやって来る国内外の企業や団体が、毎年5000人近くいる。さすがに、「3・11」以降は減少したが、そういう見学者へのお土産品が、お茶とせんべいなのだ。

岐阜の隣である愛知県岡崎市の名産品である八丁味噌のひかえめな風味と、上品な甘みとのバランスがよく、評判はなかなかいい。味噌煮込みうどんや味噌カツなどが全国的にも有名ということで、ちょいとアイデアを拝借したわけだ。

いくら差別化好きな会社とはいえ、せんべいを売るのはさすがに気が引ける。

というか、もし事前に相談されれば、私だって「おいおい、せんべいを配るってなんでや」

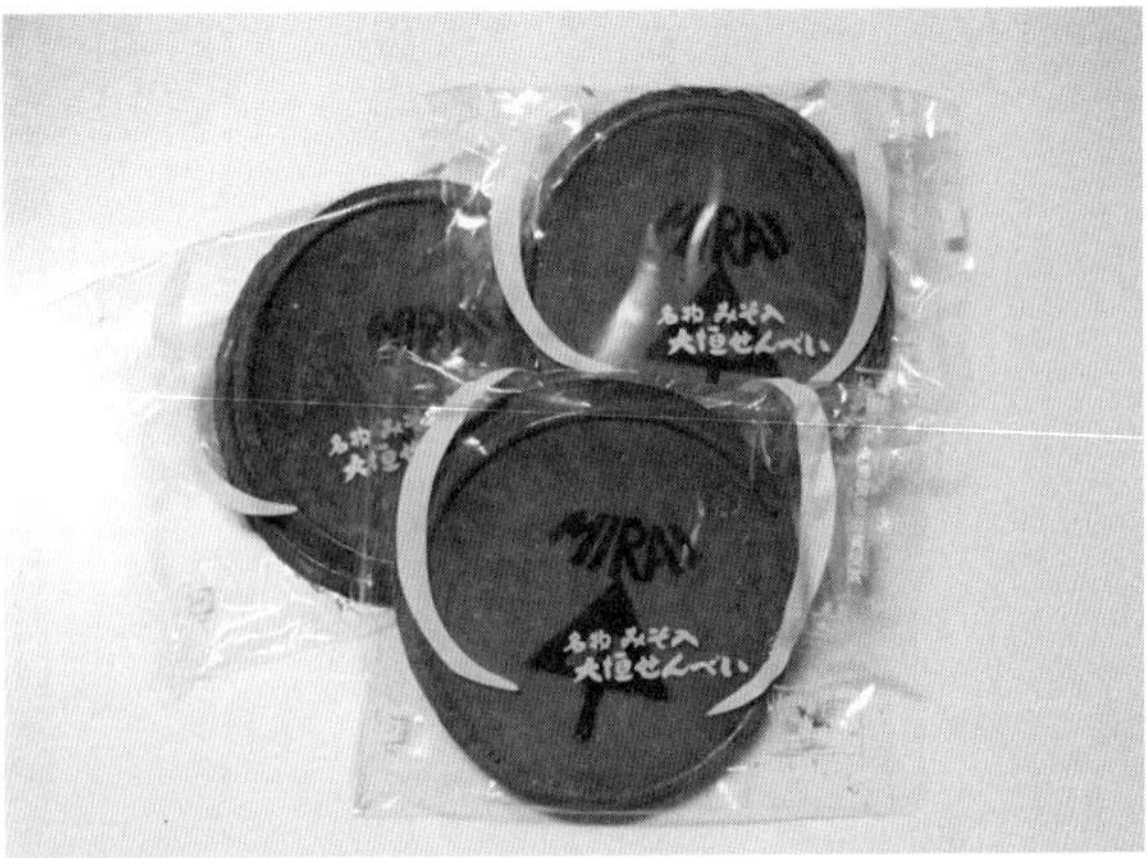

会社見学者へのお土産「未来せんべい」

とアイデアには賛成しなかったかもしれない。

しかし、ホウレンソウがないから、社員たちが「とにかくやってみよう」ということで実現したら意外と好評だったので、いままで続いてきている。

「市販品でいい」とか「どうせなら特注品をつくってはどうか」などいろいろ議論はあったようだが、家業がせんべい屋の女性社員がいて、そこで安くつくってもらうことになった。コスト意識をきちんと働かせているし、そもそもコストと呼ぶような金額でもない。

せんべい屋の先方も、ドケチ創業者の異名をご存じのせいか、ひかえめな見積もりしか出してこなかった。ドケチで有名になると、相手も遠慮するとはうれしい発見だ。

ウチの会社見学料金は1人2000円とバカ高い。

東京の美術館でも入館料は1000円から1500円程度だろう。名古屋から新幹線「ひかり」か「こだま」に乗り換えて、岐阜羽島からさらに車で10分程度だから、かなりの暴利といってもいい。

どうやら社員たちは「2000円にしておけば高くて誰も来ないから、自分たちの仕事が忙しくならないだろう」と、わざと高めに設定したようだ。こういう決定権が社員にあるのも、ホウレンソウがない賜物《たまもの》といえる。

ところが、私がテレビの『カンブリア宮殿』に出演して以降、国内外からいろいろな見学者たちがやって来るようになり、おあいにく様の大忙し状態になっている。

最近では会社見学と、お土産のお茶と未来せんべいセットだけでは満足してもらえず、その大半が私の話を聞きたがるので、私までけっこう忙しくなってしまった。そのために県外の講演会も減らさざるをえなくなった。

できるだけ会社にいたくない私にとっては災難だが、ホウレンソウ禁止を決めたのは自分だから、誰にも文句をつけようがない。

社員が上司や会社に対して萎縮せずに何でも提案して自分たちで決められると、時々こういうことが起こる。

上司の仕事は、部下の不満をできるだけ消すこと

「部下たちのやる気がなかなか見えない」

長引く不景気下、中小企業の経営者たちのあいだでも、そういう声をよく聞く。

しかし、その裏側には、必ず何らかの「不満」がある。

部署内のコミュニケーションが足りない。残業が多すぎる。仕事量に対して人員数が足りない。正社員と契約社員と派遣社員のあいだで、チームワークがうまくとれない。同じ部署なのに、社員同士で仕事の繁閑の差が大きすぎる……。

経営トップ同様、上司の仕事は、部下たちの不満に耳を傾けること。これは絶対だ。会社の仕組みや現状を考えれば、自分には解決できないこともあるだろうが、それでも**上司が部下の言動を注意深く見て、個別に彼ら彼女らの不満に耳を傾けることが、職場の活性化にもきっと役立つ。**

私も経営トップとして、おそらく日本でいちばん休みが多い会社（年間140日）や、日本でも有数の短い就業時間（毎日7時間15分）を目指したり、作業服や制服を廃止するなど、できる範囲内で「不満」の解消に取り組んできた。

経営者や上司の取り組みを、社員たちは必ず見ている。

「上司がこれだけ私たちのために、がんばってくれているんだから、仕事ももう少しがんばろう」

元来が真面目な日本人ならきっとそう思うはずだ。それがプラス思考の信頼感。「ノルマを課さないとアイツらは働かない」という考え方とは正反対だ。

あなたなりの方法と誠実さを発揮すれば、その姿勢と想いはきっと部下たちに伝わるはずだ。

他人を管理したがるヤツは、自分を管理できない

精密機械メーカーの名門企業が、バブル期の損失隠しを長期間にわたって行っていたことが明らかになった。

理由は簡単だ。**課長は部長が管理するし、部長は専務が管理するが、社長は誰も管理できない。**その代わりに、占い師などにお伺いを立てたがる。近ごろは、女性の芸人も、ヘボな経営者みたいに占い師にお伺いを立てすぎて、世間を騒がせていたみたいだが。

部下を管理したがる人間ほど、自分のことが管理できない。

これは人間の習性みたいなものだ。

ただ偉そうに振る舞いたいだけの人間など、仕事のバランスも悪いに決まっている。

簡単にいえば、他人には厳しく、自分にはめっぽう甘い。あなたの職場にも、こういう

つまらん上司が1人や2人はいるはずだ。

先の名門企業も、歴代の社長までが問題を知りながら見て見ぬフリして先送りしていたらしいが、あれは典型的パターン。

だから、運悪く管理したがる上司の下で働くことになった人は、諦めるしかない。「こんな会社に入った自分がバカだった」と開き直るしか道はない。

そもそも、一般社員は給料が安くても、自分のお金で自家用車を買う。

ところが、バカな経営者にかぎって、給料も社内でいちばんもらっているくせに、会社のお金で車も買おうとする。ガソリン代も経費計上して、おネェちゃんを乗せて、ひとりでいい思いをしていたりする。

上司たる者、自分の身辺は人一倍きれいにしておかなくてはいけない。自分の言動が部下や周囲にどう映るのか。緊張感をもって、そこに神経をすり減らすぐらいでないといけない。

しつこいようだが、社長や管理職は、その会社内でのただの職能であって、人間としての優劣でも価値でもない。

管理職になるとバカになる人①

「有給休暇をとる理由を教えろ」とメールする困った上司

先日、ある社員から私に密告があった。

有給休暇をとる前日に、係長からメールが来て、

「休む理由を教えてほしい」

と聞いてきたという。

彼によると、事前に係長にその日は休むことを伝えてＯＫをもらっていて、補充人員の手配まで済ませていたのに……という。

部下のプライベートの詳細まで把握しておきたがるのは、ダメな管理職の典型例。

知らないと、自分の係長としての値打ちが下がるとでも考えているのだろうか？

身内の恥をさらすようだが、これほど私が、

「とにかく管理はするな、ホウレンソウは絶対禁止、部下には『命令』ではなく『説得』して納得させろ」

と口を酸っぱくして47年間いい続けてきても、この程度だ。

管理職になると、とたんに何でもかんでも管理したがる人間が次から次へとあらわれる。

情けないやら、恥ずかしいやらだが、ウチの会社ですらそうなのだから、ほかの会社はどうなっているのだろうと、ついつい余計な心配までしてしまう。

じつは先日も、うちの関連子会社のトラック運転手が、休みの日にバスの運転手をやっていたから、「アルバイトをやってはいかん！」と注意したトンチンカン上司がいたらしい。

ただ管理職風を吹かせてみたかったのかもしれないが、**ウチの就業規則に兼業禁止なんて一言も書いていない。ましてや休日なら、本業に何の支障もないのに、なぜ副業をしていけないのか？**

ウチは年末年始も2週間以上の長い休みがあるから、

「ヒマを持て余してるヤツは、近所の旅館やホテルでアルバイトしてもいいぞ」

とお節介にも喧伝しているくらいだ。

社員がプライベートで何をしようが、会社が検閲する権利などない。

それにしても管理職になるからバカになるのか。あるいは、そもそもバカだから管理職になると偉くなったと錯覚して、つい調子に乗ってしまうのか。
どうやら管理したがるのは、人間の本能のひとつなのだろう。

管理職になるとバカになる人②

「なぜ営業部長のメールに返事しないのか？」事件

係長ならまだマシなほうで、以前、本社の営業部長が、全国の営業マンに1通の業務メールを配信した。数日後、そのメールに返信しなかった人間だけに、同じく本社の営業課長が、こんなメールを送ったという。

「なぜ営業部長からのメールを受けとったら、ちゃんと読んで返信しないのか？」

そんな内容だったらしい。

もう怒る気もなくなるぐらい、私はウンザリさせられた。社員にはけっして命令せず、説得して納得させることだと、私が常にいい続けてきたのにこのザマだ。

この課長の意図は、正確にはわからない。

営業部長にただゴマをするための行動だったのか。それとも、課長の権限を振り回して、ちょっと偉そうにしてみたかっただけなのか。

いずれにしても、ヒラ社員以上の厳格さで自分の言動がまわりからどう受け止められるのかという点で、「常に考える」意識がまるで足りない。

私が創業以来47年間コツコツと積み上げてきたことが、こういう課長のたった1通のメールで台無しになるのだから、まさに「事件」だ。

こういう些細なことにいちいち目くじらを立てないと、従業員800人程度の中小企業など、アッという間に「管理バイ菌」が繁殖して、どこにでもあるフツーの「売りたくもないものを売って、やりたくもないことをやって給料をもらっています」という会社になり下がってしまう。

このメールの宛先は全国の営業マンだから、いったい何十人が不満をもっただろうかと考えると、本当にやりきれない。

営業マンの仕事の優先順位は、お客さんのところへ行くことが先で、部長からのメールへの返信など二の次、三の次。そんな営業の基本もわからないのだ。

私は年に1回の幹部会の席上で、この話を取り上げてやった。

「こんなくだらんメールを、7時間15分の短い業務時間内に書いている営業課長も、こういう部下を管理職に登用している、もっとくだらん部長も、即刻クビにせんといかんぞ！」

幹部会に出席していた営業部長は青ざめたまま、ずっと下を向きっぱなしだった。

唯一の救いは、一部の社員たちが、私にあれこれと知らせてくれることだ。

「相談役、こんな新手の〝管理〟が水面下で始まっていますが、どう思われますか？」

「これって、未来イズム違反ではないでしょうか？」

「ひと月に1週間は休んでもいいはずなのに、先日休みたいと上司に申し出たら、露骨に嫌な顔をされました」

現在の社長も、私から数えて3代目。未来イズムも当然色あせて、昔話になっても仕方ない部分がある。

かといって、社員たちからの密告があるたびに、私がキレるわけにもいかない。あくまで現在は相談役であって、経営は社長以下の経営陣にまかせている立場。現職幹部たちもいちいちケチをつけられては、仕事もしにくいはずだ。

社員たちから寄せられる密告情報を、定期預金並みに1年間コツコツ貯めに貯めて、年1回の幹部会でぶちまけることにしている。昔のガンコ親父が、ちゃぶ台を派手にひっくり返すみたいなもんだ。

「憎まれっ子、世にはばかる」らしいから、それを健康法代わりに、幹部たちから嫌われて、せいぜい長生きするつもりだ。

管理職になるとバカになる人③

たった1日だけ昼休み15分短縮事件

そういえば、この本では、未来工業の就業時間が7時間15分になった理由を、まだ書いてなかった。けっして創業時からそうだったわけではない。

現在の場所に26年前に移転してきてからのこと。

理由は、移転前の大垣市から遠くなったため、まず始業時間を30分遅くすると宣言した。すると主に大垣市から通ってきている女性社員たちから、「終業後の車での移動時間もふくめると、地元スーパーの閉店時間に間に合わないから困る」という声が多数上がった。

名古屋や東京と違い、地方都市はスーパーの閉店時間も早い。

たったひとりの社員の不平不満でも消したがる私にとって、これは大問題だった。そこでスーパーの閉店時間に間に合うように、終業時間の15分短縮を即断即決した。

しかし、「事件」は、本社移転の初日に起こった。

正午を過ぎても、昼休みのチャイムがなかなか鳴らず、12時15分にようやく鳴った。当時の総務部長の独断で（このころからすでにホウレンソウはなくなっていた）、会社のマイナスになるので、終業時間を縮めた分だけ、休み時間も15分縮めてみたという。

その「会社のマイナスになる」という発想自体が、私には引っかかった。

あまりに平凡な机上の計算でしかない。**生まれも育ちも、性別も考え方も違う人たちが同じ場所で働く、生き物としての職場への洞察力が足りない。**簡単にいえば、甘っちょろい。

しかし、思いついたらホウレンソウなしで、まずやってみる。それが未来イズムの基本だから、当時社長だった私も、彼の提案をいきなり否定するわけにもいかなかった。

すると、予想どおり、茨城工場の社員からクレームが出てきた。

彼の言い分はこうだ。昼休みはもともと1時間で、社員の権利。勤務時間が短くなったからといっても、あくまでもそれは本社の都合であって、その代わりに、ほかの工場まで一律に昼休みを15分も削るのはおかしい。

もっともだ。私はさっそく総務部長を呼びつけた。

「たとえひとりとはいえ、社員を怒らせるようなことをやって、おまえ、総務部長がつとまるのか！　彼はたまたま勇気があったから、堂々とクレームをつけたが、彼の背後には、おそらく数十人、数百人分の声なき不平不満が渦巻いている。

しかも、『1時間の昼休みは社員の権利だ』なんて、権利意識までいたずらに刺激してしまったじゃないか。たった15分程度のことで、社員が働く意欲をなくしてしまったら、いったいどう責任をとるつもりだ！」

私があの手この手で、社員たちの不平不満を減らして、「ここまで会社に大切にしてもらっているんだから、給料分ぐらいは仕事しないと悪いな」という義務感を刺激して、がんばって働いてくれるように工夫しているのに、だ。

昼休みは翌日から1時間に戻った。

まさに朝令暮改だが、未来イズムとは「試行錯誤を恐れない」ことでもあるから、そんなドタバタぶりさえも、社員にきちんと見えるようにする必要があった。**会社全体で失敗も丸見えにして共有することで、社風はつちかわれていく。**

幸いにも、私はこうして本を書く機会があるから、こうやって文字に残して、管理職になるべきじゃないのに、なってしまった本人が二度と同じヘマをやらかさないように、戒めることができる。

もちろんそれは、そういう人間を管理職にしてしまった上司はもちろん、そんな経営幹部しか育てられなかった私自身の猛省をうながすためでもある。

第5章

mirai

差別化は「人マネ＋アルファ」で誰でもできる

ism!

差別化を難しく考えすぎてはいけない

・7時間15分の就業時間や、営業ノルマと残業の禁止
・ライバル他社が値下げ攻勢を仕掛けてきても、なかなか下げない価格戦略
・総額1億5000万円の会社負担の海外社員旅行

未来工業が何かユニークな取り組みをするたびに、

「それは、山田さんだからできるんですよ」

「未来工業にしかできっこありませんよ」

とまわりの人からいつも指摘される。

創業以来47年間、「他社と同じことはしない」を大前提に試行錯誤してきたことで、そんな強烈なイメージを根づかせることができたのは大成功だったといえる。同業他社にかぎらず、国内外からウチに見学に来る企業や団体が、大なり小なり似たような印象をもつようだ。

そうかそうかと、相づちを打ちながらも、私は心の中でこう思わずにはいられない。

——未来工業にしかできないなんて、ただの思い込みにすぎないのになぁ。

横並び好きな国民性のせいか、自分たちで勝手に線引きして考えるのをやめてしまう人や会社が多すぎる。

「バブルが崩壊したから」

「リーマンショックだから」

マスコミが喧伝する「バカのひとつ覚え」に乗っかって、「ああ、それでウチの会社もダメなんだ」とか「だからオレも売れないのか」と都合よく思い込もうとしているだけ。正当化したほうが自分も楽だからだ。

また、「事業の差別化」というと、オリンピックで世界新記録を出すみたいに難しく考える人が多すぎるが、それは大きな誤解だ。

差別化の基本は、「人マネ」に少しのプラスアルファを付け加えること。

何かの長さを1センチ伸ばしたり、色を黒から赤に変えてみたり、それを使う人がちょっと使いやすくなる工夫をすること。

要は、飽きることなく反復しているうちに、差別化の勘所が身についてくる。誰でも同じことをくり返しているうちに、そこそこうまくなるだけの話だ。

たとえば、第1章で紹介したように、「製品カタログのページの端っこに、パラパラ漫画をつける」なんていう提案も、未来工業は採用してきた。

そのパラパラ漫画のセンスを気に入って、ウチの製品を注文してくれる電気工事屋さんが1社、あるいは1人でも増えれば成功だと考えたからだ。

いちばん大切なのは、差別化を難しく考えすぎないこと。

他人のモノマネ＋アルファで、ちょっとしたアイデア出しを1年間も続けていれば、「常に考える」クセが身についてくる。

そうしたら誰もが気づくはずだ、「ああっ、山田のオヤジのいっていたとおりだったな」と。

〔売り方の差別化編〕

3種類の「売れ筋」商品をついで買いさせる、多品種少量の「売れない」品ぞろえ

経済効率ばかりをよしとしたがる人たちが多いが、**商売はそう単純なものでもない。非効率だから、無駄だからと誰もつくらない製品だからこそ、あれば便利ということだってある。**

たとえば、未来工業みたいに、売れ筋以外の商品を意図的に多品種そろえることで、「あの会社は、他社がつくらないような製品までいろいろある」という企業イメージができれば、強い差別化につながる。

この考え方は、メーカーだけでなく、小売店でも応用できる。

たとえば、先に触れた「スライドボックス」。他社は売れ筋の3～4種類しかつくっていないが、ウチは売れ筋を中心に85種類も販売している。

なぜ、ウチだけが売れ筋以外に、そんなバカみたいに多くの種類をつくっているかと

いえば、住宅ではその場所に応じて、50パターンぐらいのスイッチボックスを使っているためだ。

テレビや録画機器をつなぐリビングのコンセントが、野球チームでいう4番バッターだとすれば、トイレのウォシュレット用や、ウォークイン・クローゼット用コンセントとなると、7番バッター、8番バッターといえるかもしれない。

その壁の薄さや用途によって、スイッチボックスの形状も微妙に違ってくる。それらは一軒の家内では1~2個程度しか使わないものだったりする。

メーカー側からいえば、年間の販売個数も少ないから量産化しても在庫になるだけ。だから1個あたりの製造コストも当然高くなるし、儲からない。だからつくらなくなる、というわけだ。

工事業者も、その辺の事情はよく知っている。

「スライドボックス」だけでも85種類ある

儲からないのにつくってくれている未来工業だから、あまり売れない製品を買うときに、売れ筋のものもついで買いしてくれるわけだ。**常識で考えれば、一見「非効率」な、あまり売れない85種類の品ぞろえがあるからこそ、本命の売れ筋商品が売れる。**

売れ筋商品以外は、年間100個も売れない。

だから当然赤字だが、売れ筋のスイッチボックスはウチだけで年間6000万個ほど売れて、業界シェアは8割を占めている。すると、売れ筋以外の赤字なんてあっさり吸収して、それでもまだ大きな黒字が残る。

算数ができる人なら、誰でもマネできるはずだ。

売れ筋だけを効率的につくっている会社にはとれないシェアが、売れないものも一緒に売ることではじめて可能になる。

「常に考える」ことで、こんな面白い売り方もできるようになる。

ライバル社から値下げ攻勢を仕掛けられても無視する

最近でこそ、利益率重視を唱える会社や経営者は多い。

そのくせ売れ行きが悪いと、すぐに価格競争を仕掛け、業界全体が総崩れになってしまった典型が薄型テレビ。5年前は50万円ぐらいした32型が、いまや10分の1以下の値段で売られている。

これではさすがに「いいものを安く」が大好きな国民性とはいえ、それを製造・販売するメーカーの商売は成り立たない。事実、大手家電メーカーは軒並み、巨額の赤字決算で横並びしてしまった。

口では「利益率重視」といいながら、実際にはシェア重視、売上高重視の考え方を捨て切れていないせいだ。目先の数字だけにとらわれてしまいやすい。各社ともに技術上の差別化はあいまいなままだ。

「値段を下げないと、ライバルとの競争に負けてしまう」という固定観念や恐怖心から、大手も中小も価格競争から逃れられない。

しかし、冷静に考えてみてほしい。

性能や品質がいい製品をつくるには当然、それなりのコストと労力がかかる。それを安くしてしまったら、どうして儲けられるのだろうか？

未来工業も、すべてのライバル会社がそろって価格を半額にして、値下げ攻勢をかけられたことがあった。

ウチが参入するまで、スイッチボックス市場はだいたい10社が10%程度のシェアをもっていた。しかし最近では、未来工業が80%のシェアを握ってしまい、残り20%を他社が分け合う状況へと一変した。

すると、残りの会社が、それこそ横並びで、同製品の価格を半額にしてきた。おかげで、ウチの製品は他社の2倍の値段にハネ上がってしまった。

私はそのとき「値下げ包囲網」には屈しなかった。そこで弱気になって、いったん値段を下げると、もう元に戻すことは二度とできないからだ。

未来工業をひいきにしてくれるお客さんたちも、ウチから逃げなかった。他社がつくっていない製品は、未来工業からいままでどおりに買い、それ以外の売れ筋品は他社製の半額のものを買う、という行動はとらなかった。

だから、こういう状況に追いつめられてなお値段を下げないという経営判断と勇気は、差別化と呼んでもいいはずだ。

この値下げ攻勢を通して、他社にはない製品をつくり、それにふさわしい値段をつけ、お客さんに買ってもらう方法を毎日考えつづけてきたことが、私は結果的に報われたような気がした。

差別化のポイントは、商品や値段以外にも、アフターサービスや営業マン個人の信頼度、お客さんの立場に立った製品開発など複数ある。

この騒動のとき、電気工事業者のみなさんが苦笑いしながら、よくいってくれた。

「未来工業さんの製品は高いけど、使わざるをえないよ」

他社との差別化を常に考えてきた私たちには、最高のホメ言葉だ。

同業他社との違いが1点あれば、人の心をつかむセールスポイントになる

講演会や芝居鑑賞で東京に出かけたときに、時間があれば立ち寄る電気設備部品の問屋さんが、新宿・歌舞伎町にある。

真偽のほどはわからないが、店売りでは日本でいちばん売ると噂されているところだ。

私がそこの店主と雑談していると、カゴ付き自転車や軽トラックなどに乗ったお客さんが、たしかにひっきりなしにやって来る繁盛ぶりだった。

ある日、そこに若い営業マンが飛び込みでやって来た。

彼は私の顔をチラッと横目に見たが、どうやら知らなかったらしい。あまり聞いたことのない社名だったが、そこの店主に製品サンプルを見せて売り込みを始めた。

ところが、店主は私に遠慮したのか、サンプルも価格表も見ずに、

「ウチは未来工業さんから買っているんだけど」

と遠回しに追い払おうとすると、

「あっ、そうですか。じゃあ、いいです」

と彼もじつにあっさりと諦めて、店を出て行ってしまった。

その後、彼が置いていった製品カタログと価格表を見てみると、大半の製品がウチより安かった。ウチの製品より安いんなら、低価格狙いで買っていく工事業者もあるだろうに、そこまで未来工業は業界のブランドになっているのかと、ちょっぴり優越感も味わった。

同時に、「さっきの営業マンは、なぜその安さを武器にもっと食い下がらなかったのか？」という疑問もわいた。

「未来さんと品物は大差ないうえに、どれも値段が安いんですよ」

たとえ10円でも安ければ、その1点だけでセールスは差別化できたはずだ。

あとは相手の受けとり方ひとつ。**値段以外に、製品の色や形状、軽さ、使い勝手のよさなど、どれかひとつでも少し違えば、その1点を強調してセールスを差別化できる。**

どんな業界でも、他社の製品やサービスと違う点は、いくらでもある。

「そんなこと山田にいわれなくてもわかっているよ」と迷惑顔の人もいるだろうが、案外、それらを見落としている人が多い。「たった10円安いだけじゃ」とか「ただの5グラム軽い程度では」と自分ひとりで決めつけてしまう。

しかし、それが100個なら1000円の安さだし、1000個なら5キロも軽いことになる。あとはその10円や5グラムの活かし方次第。

「常に考える」べきは、お客さんの心をつかむセールスポイントのつくり方だ。

（働き方の差別化編）

誰も利用しなくても、「育児休職3年」は変えない

「育児休職は3年だから、休暇中にひとりずつ子どもを産めば、合計9年は休めるぞ」

これは山田昭男の名言のひとつ。

いつものように冗談とも本気ともつかない調子で、私が会社の女性社員たちに公言している。しかし不思議なことに、誰も1年以上、産休や育児休職をとった人はいない。

人間誰だって、1日でも多く休みたいと思うのが自然だが、いきなり3年休んでもいいぞといわれると、みんながみんな、休みたがらなくなる。

「1年以上休むと、仕事についていけなくなる」

「休みが多すぎて不安になる」

それらの理由も、わかったようで、よくわからない。

「だったら、育児休職は1年でいいんじゃないか」という意見が必ず出るが、それでは他社と同じでつまらない。それが「人マネ＋アルファ」のコツといえばコツ。

誰も利用しなくても、育児休職3年を変えるつもりがない。1年より3年のほうが、会社の度量が3倍は大きく見えて、カッコイイからだ。

いまでこそ当たり前だが、週休2日制を導入したのが1985年と、岐阜県内ではいちばん早かった。当時は、まだ土曜日半休が常識だった。

・有給休暇40日を除いて、年間140日前後の休日（5月の連休は10日間、夏期休暇も10日間。年始年末は17日から20日間をふくむ）
・7時間15分という日本でも有数の短い就労時間
・全員が正社員で、パートも派遣社員もいない

それで1965年の創業以来、47年間赤字なし。

だから、これも「人マネ+アルファ」で、ぜひ差別化してもらいたい。いきなり全部は無理でも、5月の連休からとか、夏期休暇からとか。

ほかの会社の人からうらやましがられて、嫌な気がする社員はいないはずだ。その喜びのせいで、もしかしたら、がんばって働きはじめるキッカケになるかもしれない。

それぞれの職場の「常識」や「慣習」の中にこそ、差別化に使えそうな材料がたくさん眠っている。

無駄なコピーをためらわせる輪転機を、コピー機の隣に置く

「同じ原稿を50枚以上コピーする場合は、輪転機でお願いします」

本社に1台しかないコピー機の隣に、そんな貼り紙がある。

輪転機とは、昭和時代に使われていた印刷機械のこと。印刷する原紙に手書きしたものを何枚もコピーしてくれるもので、ひどく手間がかかる。

本社に1台しかないコピー機

いまどき、そんな機械を使う人間はいないから、コピー機の隣にあるだけで、無駄なコピーを防止する役割を「無言」で担っている。

輪転機のコストなどたかが知れているから、これもひとつの差別化。

携帯電話と同じで、コピー機も近くにあると、誰でもすぐに使いたくなる。だが、その分だけ無駄なコストが増えてしまう。コピーの台数と仕事の効率向上や、会社の業績向上との関係を証明した論文も、おそらくまだない。

ただ、コピー機があったほうが便利、というイメージだけが先行している。

そもそも、社員一人ひとりのコスト意識を高めるために、ウチでは会議用書類などもほとんど使わない。仮に使う場合も、何かの裏紙に限られている。

その大半は使用済みのコピー用紙の裏側か、ダイレクトメールに入っていた説明書きか、あるいはチラシの裏などだ（さすがに社外に出す書類などでは裏紙というわけにはいかないが）。

無駄なコピーを防止するため、社員330名がいる本社には、コピー機は1台しかない。たいていの社員は面倒くさくなって使わなくなった。その代わりに回覧板にして、連絡事項を回すという斬新なアイデアまで生まれた。

その昔は、同じ原稿を10枚コピーすれば、機械が止まるように改造していた時期もある。そうなると社員は総務部まで行き、コピー機用コインを1枚もらわなければいけなかった。総務に行けば当然、「もう10枚も使ったのに、これから何枚コピーするつもりですか?」なんていちいち聞かれることになる。

普通、そんな嫌がらせをされたら、コピー機なんか使わなくなる。それこそが私の狙いである。

社員の携帯には「ツー切りコール」で、会社負担の電話代はタダ

未来工業には「ワン切り」ならぬ、「ツー切りコール」がある。

本社営業業務課の女性たちから、各営業マンの個人携帯に着信音を2回鳴らしてから電話を切る。それが本社からの電話だという合図。

ツー切りコールが入ったら、営業マンは最寄りの公衆電話か、個人携帯から本社にすぐ連絡を入れるという約束事になっている。

このコールなら、会社負担の電話代が一切かからない。

「なぁんだ、そんなことか」と思うかもしれないが、この約束事にたどりつくまでにはそれなりの紆余曲折があった。

当初、会社から社員個人の携帯電話にかけるのは禁止だった。固定電話から携帯への電話代がバカ高いからだ。そんなことを放置していたら、ドケチ経営者の名前に傷がついてしまう。

とはいえ、ここまで携帯が普及してくると、あれこれ支障が出てきた。

「本社に何回か電話しても、営業担当者から電話がかかってこないぞ！」

「おたくの会社の連絡体制は、いったいどうなっているんだ！」

取引先などから、お叱りコールを頂戴することが多くなった。

そこで営業マン全員に、出先の公衆電話から1日2回、本社に電話連絡を入れるという約束事をつくってみた。

その時点で、取引先などからの問い合わせがあれば、本社から迅速に伝えられる。お客側の問い合わせから、担当営業が折り返し連絡するまでの時間が大幅に縮められるはずだった。

しかし、よく考えてみれば、お客さんからの問い合わせなどの電話は、ウチの1日2

回のタイミングに合わせてかかってくるわけではない。

営業マンからその日1回目の電話連絡があった直後に、担当するお客さんから電話が入ると、当然、2回目の連絡までは時間がかかる。すると、お客さんからの電話を受けた女性社員は、その長さを我慢できず、営業マンの個人携帯につい電話してしまう悪循環に陥った。

そこで次に、外回りの営業との連絡にかぎって、会社から社員の個人携帯への1通話につき10円は会社負担、残りは社員個人の負担というコストの痛み分けにしてみた。

ところが、本社の電話はゼロ発信だから、本社の電話通話の明細書を取り寄せても、本社の誰が、どの営業マンの個人携帯にかけたのかが特定できない。本社からどの通話分を、どの社員に請求すればいいのかがわからない。

その後、会社からの社員の個人携帯への電話はふたたび禁止となり、最後に社員からの提案で先の「ツー切りコール」に落ち着いた――。

「社員の個人携帯への電話でそんなに大騒ぎするほうが、時間と労力の無駄じゃないか?」とこの経緯を読んでみて思った人も多いだろう。

しかし、私の考えは正反対。

こういうバカみたいな試行錯誤をくり返し、社員一人ひとりが自分なりに「常に考える」ことが、何より効果的なトレーニングになるし、社員にコスト意識を植え付ける最良の教育にもなる。その過程で生まれた約束事の積み重ねが、会社の社風にもなっていく。

差別化は一石三鳥。「常に考える」とは、このようにじつに面倒くさいことの、根気強いくり返しなのである。

お中元より段ボール専用ナイフのほうが〝営業〟活動になる

「おい、山田さん、おたくの会社からまだお歳暮が届かんぞ」

ウチがお中元やお歳暮の贈り物をしないのを知っていながら、たまに嫌みをいってくる経営者仲間がいた。

「あれ、おかしいなぁ。ウチの社員に、○○さんとこには必ず贈るようにと、普段からきつく言い聞かせているんやけどなぁ」

私はとっさに返事をした。ここでひるむことなく、間髪入れずに対応できないとダメ。

営業とは瞬発力と機転のゲームでもある。

そのまま私がお歳暮を贈らずにいると、なぜかタイミング悪く、その2週間後、何かの会合でふたたびバッタリ遭遇してしまった。

「山田さん、やっぱり、まだ届かんぞ」

「そうか、おっかしいなぁ。この前会った翌日に、ウチの女の子に今日中に贈っといてくれって、いうたんやけどなぁ」

私はこのときも瞬時にシラッとした顔で返事をして、翌日、渋々ながら会社から贈らせた。それ以降、その経営者からは、お歳暮、お中元の話は一切出なくなった。横並びの商慣習など、その程度のものでしかない。

それがわかれば、形式的な慣習などをすっぱりとやめて、差別化するのは難しくない。中途半端はよくないから、全部一気にゼロにすればいい。

未来工業は、会社も社員も、取引先へのお中元お歳暮の贈り物は禁止。年賀状も暑中見舞いも出さない。

理由は2つ。お金がもったいないのと、同業他社がやる横並びの商慣習はマネしないのが社風だから。

その時期に横並びで何か贈っても、相手もたいして喜ばない。その他大勢のひとつでしかなく、会社の差別化にもつながらない。そもそも、贈り物や年賀状の有無で仕事がなくなってしまう程度の取引なら、たいしたことはない。

以前、お中元とお歳暮の狭間の時期に、段ボール箱を簡単に切れるナイフをつくって、取引先に無料で配ったことがある。先にも触れたように、ウチは電気設備工事用ナイフをつくっているから、たいした手間もコストもかからなかった。

製品を入れる段ボールならどこでも使うだろうし、たいていはカッターナイフで切っているだろうから、段ボール専用ナイフのほうが使い勝手が断然いい。

予想以上の好評で「もっとほしい」という問い合わせ電話が相次いだ。

こんなことをしたのは、段ボール用ナイフが最初で最後、これ一度きり。お中元とお歳暮の狭間の時期に送ったから、じつに効果的な〝営業〟活動になった。

取引先に何かを贈るにしても、その時期を吟味し、内容も少しだけ実用的にするだけで、かなり差別化できるはずだ。

〔つくり方の差別化編〕

！製品の色を変えただけでトップシェアに

私たちの建築電気業界は、製品のタテ・ヨコの寸法や原料まで、すべての規格を国に決められている。そのため、製品はどこの会社もほとんど同じ。国が決めた規格と違うものをつくると法律違反になるからだ。その点が、テレビや携帯電話業界とは大きく違う。

ちなみに、電線を中に通すパイプは、材質は鉄か、固いビニールと決められていて、その外径・内径も、法律で細かく決められている。

しかし、だからといって、差別化を諦めてはいけない。

ここで改めて、未来工業がいちばん大事にしている方針をおさらいしておくと、**「発売すれば必ず儲かるとわかっている人気商品であっても、他社の製品と差別化できないものはつくらない」**ということだ。

その大原則にもとづいて、法律をあれこれ調べてみると、パイプの色は変えても問題がないことがわかった。

昔のパイプは全部が鉄製で、塗料でいちばん安いのはグレー。だから固いビニール製パイプも色はグレー。色が違うと値段が違うわけではないが、鉄製でもビニール製でも、色は判で押したようにグレーしかなかった。

そこで未来工業は、アイボリー色のパイプを製品化してみた。

社内には、「パイプは住宅の天井裏などに通すもので、取り付けたあとは見えないから色を変えてもあまり意味はない」という反対意見もあった。

たとえそうであっても、お客さんが買うときには見比べて選ぶことになる。

そのとき、暗いグレーと明るいアイボリーの2種類のパイプがあれば、明るい色のほうを選ぶ人が多いはずだ、それが買う側の心理だろうという意見が、反対派を押し切っての販売だった。

すると、アイボリー色の新製品が、パイプのトップシェアをとってしまった。

天井裏に通して見えない部材でも、やはり多くのお客さんは明るい色のほうを選んだことになる。**「人マネ＋色違い」程度の、簡単でお金もかからない差別化でもトップになることができたいい事例**だ。

これは他社もすぐにマネしてきたから、いまではどこの製品もアイボリー色。

しかし商売はあくまでも先手必勝。中小企業のウチがいまでもトップシェアを続けている。

作業効率から考えた差別化でシェア9割！
――「元祖」製品のつくり方

日本人は「元祖」好きだ。

三重県伊勢の「赤福餅」や、京菓子「八ツ橋」など元祖を名乗る商品は、競合他社の類似品と比べても、いまなお売上げがいいらしい。「元祖」とは「誰もまだやっていなかったオリジナル作品」のことだから、これも差別化の延長線上にある。

とはいえ、**ゼロから元祖をつくるのは、そう簡単ではないが、ちょっと変えてみるだけでも「元祖」になれることもある。**

未来工業が1974年に開発した「テレチューブ」という製品がそれだ。

駅構内などで目にする電線管（電線などを収納する金属製か合成樹脂製の管）で、いまでは大半が合成樹脂だが、昔は塩化ビニール製の固いものと鉄製のものしかなかった。

電気工事業者から見れば、どちらも固くて重いために、曲げるにもつなぐにも作業が大変。時間も手間もかかった。そのうえ、長いと持ち運びできないから、長さ4メートルまでしかつくれないという弱点も抱えていた。

そこでポリエチレン製の柔らかいビニール管を試作してみた。

ある社員が家庭にある水まきホースを見ていて、ひらめいたらしい。これに電線を通せば、合成樹脂だから自由自在に曲げられて、使い勝手がいいというわけだ。

ポリエチレン製なら軽くてグルグル巻きにできるから50メートル分を持ち歩けるし、どんな場所でも使える。工事業者さんの仕事も、かなりはかどるはずだった。

作業効率がかなり上がる差別化だったが、電線管も原料

テレチューブ

などが事細かに決められていて、残念ながら使えなかった。

そこで法律の規制がない電話線配管用として、ポリエチレン製のものを売り出してみた。

軽くて自由自在に曲げられるから、ビルでも個人宅でも引き込んで使う電話線にはピッタリだから需要はあるだろうと考えた。固いビニールパイプを使うより、作業が断然楽だし、仕事もはかどった。

材質と用途が違うからこれも、「元祖」製品のつもりだった。

差別化には、多少の困難が伴おうとも、そのアイデアを実現させる執念深さも大切。

名前は「テレチューブ」にしたらヒットした。以前は翌日の朝までかかっていた作業が、これを使えば、前日の昼頃には終わってしまうのだから当然だった。

ところが数年後、大手から中小メーカー約20社が電話線配管用に、まったく同じものを製造販売した。テレチューブ製品の内外径・長さ・色までまったく同じもので、こうなると未来工業の「元祖」も何もあったものではない。

ところが、これが幸いした。

同業他社が相次いでコピー商品を売り出したおかげで市場規模が広がり、他社製品の

売上げが10%伸びると、元祖の未来製品の売上げは30倍の伸びを見せた。

まるで福岡の辛子明太子みたいな展開だった。

あれも最初に開発した会社が「辛子明太子」の製品特許を意図的にとらなかったことで、同業他社が相次いで追随して市場規模が拡大し、全国的に福岡の名産品になった。

「名を捨てて実をとる」という、かなり知的な商品戦略といえる。

じつはウチのテレチューブも、あの「辛子明太子」戦略を拝借させてもらった。

業界がまるで違っても、製品によっては応用できる成功法則はある。

その後、さらなる差別化を進めるために、黒字の製品に白地で「未来工業」の社名付きロゴマークを1メートルごとに入れ、工事業者がテレチューブを巻き尺代わりに使いやすいようにした。そういう改良を重ねたことで、他社製品より高価にもかかわらず、ウチのテレチューブは約9割のシェアを占めている。

工事業者の作業効率を上げるための差別化ありき。そのために材質と用途を変え、水まきホースの素材を電話線に応用しただけだ。

「人マネ+アルファ」で他社の約30倍の売上げだから、元祖ビジネスはとても簡単でおいしい。だから、差別化をやたらと難しく考える必要は何もない。

関連部品100種類の実用新案取得で、他社と競合する製品シェアの3割を握る

差別化というと、どうしても個々の製品自体について考えてしまいがちだが、関連付属品を差別化し、その結果として、本製品のシェアを一定割合とるという発想だってある。**視点を少しズラした差別化**だ。

前の項で触れた電話線管のテレチューブ。その人気を見て、大手が当時法律では禁止されていた電線管にも、合成樹脂素材を使えるようにと動き出した。私たちも最初は電線管にしたら使い勝手もいいと考えていたのだから当然だ。

じつは、私も当時の通産省（現在の経済産業省）に電線管に合成樹脂も使えるように関連法律の改正を陳情したことがあったが、岐阜の中小メーカーなど相手にもされなかった。

しかし大手が動くと、あっさりと法律が改正されて合成樹脂OKとなった。中小企業には冷たく、大企業にはじつに理解と思いやりがあるものだ。

改正法施行後は、ふたたび先の約20社が合成樹脂の電線管をつくることになり、たち

まち値下げ競争に陥り、アッという間に半額近くになった。

そこで私は電線管の製造ラインを止めさせた。日本人が得意な「いいものを安く」の不毛な価格競争に巻き込まれたくなかったからだ。私は差別化名人の本領を発揮する。

まず電線管のありとあらゆる関連付属品を自社開発したうえで、それらの実用新案を相次いで取得していった。1年間でその数100種類。同一製品の関連付属品の実用新案としては、おそらく史上初の多さだった。

その結果、電線管の付属品は未来工業にしかない状況が生まれた。電線管を使うには、ウチの関連付属品を使わざるをえなくなったのだ。

すると、問屋さんたちは、本製品である電線管と関連付属品をまとめて、未来工業のものを買ってくれるようになった。どうせ使わなければいけない以上、一括して買ったほうが簡単だからだ。

そういう問屋さんが増えていく過程で、未来工業は電線管本体の価格を、他社の価格帯近くまで少しずつ、そうセコく少しずつ値下げしていった。その作戦で、電線管本体も3割のシェアを獲得したうえに、大手にOEM（相手先ブランドでの生産）で製品供給することにもなった。

製品本体から関連付属品に差別化の視点をズラし、その実用新案を1年間かけて100種類とる。「急がば回れ」の囲い込み戦法で、本製品の外堀を埋め、関連付属品とセットで購入する問屋を増やして、本製品でもシェア3割を確保する。

我ながら、少々ハイレベルな時間差による差別化攻撃となった。「常に考える」のは、頭の体操にも、とてもいい。

❗製造コストを10円上げても5億円売れれば儲かる

製造でも販売でも、企業である以上、必要コストはできるかぎり下げるべきだ。

しかし、それはひとつの基本であって絶対ではない。売上高や収益とのバランスの問題で、ケース・バイ・ケースで考えるべきだ。

より端的にいえば、多少コストがふくらんでも、売上高や利益がそれ以上に多ければ、何ら問題はない。これも掛け算と引き算程度の「算数」だ。


「お客さんにウケる製品づくりにはコストをかけろ！」

世間の「コストを下げろ」の大合唱の中で、私が社員たちに対して、ことさらそう言い続けてきたのは、物事をより柔軟に考えるクセを身につけてもらいたかったからだ。世間とは反対の方向で社内に向かって大きなアドバルーンを上げるのだから、これもひとつの差別化になる。

前にも書いたが未来工業には「スライドボックス」という人気製品がある。家庭の電気コンセントやスイッチの裏側にあり、通常は壁の中に埋め込まれている箱型の製品だ。

これは業界では「スイッチボックス」と呼ばれていて、柱や壁で固定するために木製ネジを通すための穴が2つ、製品内部の対角線上に開いているのが常識だった。

だが他社と同じでは売れないから、未来工業はその穴を4つ開けて、「スライドボックス」という新たな名前をつけて売り出した。つくる手間とコストは多少かかるが、他社製品と差別化するためには避けられない。

ただし、これは既存製品が2つ穴だから4つにしたわけではない。

製品を設置する際、電気工事業者の作業をいかに簡単にするかを考え抜いた末の結論だった。壁内の板などが細い場合、2つの穴しかないと1カ所しか木ネジでとめられない。それだと、どうしても不安定だからだ。

しかし4つの穴があれば、板が細くても、縦・横・斜めとどちらからでも2カ所でとめられて、しっかりと固定できる。これが工事業者さんのあいだで人気になり、たちまちヒット商品になった。**たとえローテクな商品でも、「常に考える」ことで、創意工夫する余地はまだまだ残されている。**

未来工業の「スライドボックス」は、その後も進化を続けた。

これは壁の裏側に取り付け、製品表からビスを打ち、後ろからスイッチパネルを固定する仕組み。そのビス穴に、今度はビニールテープを貼ってみた。取り付け作業中に、壁の泥などが詰まるのを防ぐのが目的だった。

作業現場では取り付けてから壁紙が張られ、あとでその場所がわからなくなる場合もある。そこでウチでは、壁紙を貼ったあとでも金属探知機で壁をなぞれば、その位置がわかるように、ビス穴のビニールテープをアルミ製テープに換えてみたら、大ヒット商品になった。コストが10円上乗せされても、5億円儲かる製品になったわけだ。

たしかに他社の既存製品に比べれば、4つ穴にするのも、ビニールやアルミテープを貼るのにも新たなコストと手間がかかる。それでも5億円の儲けとのバランスを考えれば、やってみるべき差別化だった。

改善をやめないかぎり、失敗にはならない

一般的にいえば、7〜8割の市場シェアをもっている製品は、他社なら当分いじらない。「売れているのだから改善する必要はない」と考えるからだ。

しかし、未来工業の製品開発に終わりはない。

上記のようなヒット製品でも、毎年何らかの改善に取り組む。

もちろん、その改善すべてが成功しているわけではない。あまり売れず、結果として「改悪」だったこともあるが、その場合は元に戻す。そしてまた考える。

「改善を止めなければ失敗にはならない」というのが製品開発におけるウチの差別化。

開発担当者も、ほかの担当者から「この製品は自分にやらせてほしい」という強い要望がないかぎり、同じ製品をずっと担当する。ひとつの製品について多くの経験が蓄積されるため、改善点も的確なものになりやすい。

しかし、ヒット製品の細かい部分を変えるのは、「もし売れなくなったらどうしよう」という不安と隣り合わせだ。

また、ちょっとした改善でも、製品仕様や製品番号などを全部変更する必要がある。そのために金型を換え、在庫調整をするなど、微々たる変更でも、複数部署を巻き込んですべてのものに及ぶ。

終わらない製品開発は、それほどのエネルギーと労力を必要とするので、だから他社ではヒット商品をそう頻繁にはいじらない。

未来工業がそれを実践できるのは、とにかくやってみて、ダメだったら元に戻して、また考えるという精神を共有できているからだ。

つまり、**未来イズムこそが最大の差別化**だともいえる。

儲からない会社と同じことをやっていても何も変わらない

日本の会社の97%は儲かっていない。

このことを、どれくらいのビジネスマンが知っているだろうか。

別に最近始まった話ではない。

数年前まで公表されていた「高額所得法人」リストへの掲載基準は「経常利益

4000万円以上」。それが「高額所得」に値するのかという議論はあるだろうが、その条件でさえ満たす企業が、かなり長いあいだ全体の3％にすぎなかった。おそらく2012年の現在でも、あまり大差ないだろう。

横並びでまわりの顔色ばかりうかがい、「昔からの業界慣習だ」「組織での前例踏襲だ」といくらいっても、儲かっていないんだから、まるで話にならない。

そのくせに、**したり顔で「日本の法人税は高すぎる」だなんてよくいえたものだ。97％の企業はたいした税金だって納めていないくせに片腹痛い。**

この章の冒頭にも書いたが、「山田さんだから、そんなことができるんだよ」といって、自分と一線を引きたがる連中はだから儲からないし、そのままでは永遠に儲けられない。

本気で儲けたいなら、少しは他社と違うことをしてみたらどうだろう？

それが私と未来工業の基本姿勢。いつも極端なことをいったり、やったりすると見られがちだが、ここまで読んできてくれた読者には、私の考え方がとても理路整然としていることをわかってもらえたはずだ。

明日からの仕事の中で、あるいは所属する部署やグループの中で、「人マネ＋アルファ」で常に考えて、今日よりも少し儲けるための差別化に取り組んでもらいたい。

〔経営戦略の差別化編〕

販売手数料15％の大手問屋より、手数料が安い中小問屋3000社と取引する

固定観念は時々、人に「算数」さえできないようにしてしまう。

多くのメーカーが「人件費が高いから営業マンを新たに雇えない。だから販売手数料は高くても、大手問屋におろすしかない」と考えがちなのもそのひとつ。

大手の電設部品問屋の手数料は、平均なんと15％とバカ高い。

仮に年間200億円の売上げがあれば、手数料は30億円にもなる。この金額がいかに法外かは、年収600万円の営業マン500人分に相当することを考えればわかる。

それなら自社営業と、より手数料の安い中小問屋3000社と直接取引したほうが、よほど儲かる。だから小学生でも答えを出せる「算数」レベルだ。

しかも電設部品業界は、1軒の電気工事業者のところに、3軒の二次問屋が入っている。大手が未来工業の製品を扱っていなくても、電気工事業者はほかの2軒の中小問屋

の、どちらかから買うことができる。

にもかかわらず、業界全体でメーカーの9割近くが、手数料が高い大手問屋に自社製品をおろしている。もちろん、そこには単純なコスト比較だけではなく、自社で社員教育にかけるコストなどもふくめて膨大な手間と労力がかかり、最終的には大きな人件費負担となって、会社経営を圧迫するという思惑もあるのだろう。

「自社の営業部隊が非力」という意識が強いメーカーほど、多少手数料が高くても、「売ってもらえれば助かる」という思考形式を抜け出せない。潤沢な内部留保をたくわえている大手企業でさえ、人材育成の手間を嫌がり、新卒採用は「即戦力」と平然と口にするご時勢だから、中小メーカーとなればなおさらだ。

しかし、その固定観念を一度捨ててみてはどうだろう？

日本の会社の97％が経常利益４０００万円も稼げない背景のひとつには、営業力が手薄な中小メーカーと、バカ高い手数料を請求する製造問屋とのマイナス思考の商慣習がある。私にいわせれば、**前例踏襲ばかりで、「常に考える」姿勢と勇気が足りない。**

あなたの会社や業界にも、似たような固定観念はないだろうか？　**固定観念を逆手にとる差別化は、わりと簡単に実現できるし、成功する確率もおのずと高くなるはず**だ。

第6章

miraiism!

管理するコストはバカにならない

管理する人間は「あらさがし」を仕事にしてしまう

第4章で、有給休暇を申請して認められた社員に対して、休む理由を確認するメールを送った係長の話を紹介した。また、営業部長が全国の営業マンに送ったメールに返信しなかった社員に、「なぜ返信しないのか」とメールをした課長の話も紹介した。「管理するな」とこれだけ口を酸っぱくしていい続けている未来工業でも、こういうことが起きる。他人を管理する魔力とは相当なものらしい。

管理職とは、組織内のただの「職能」にすぎない。

そもそも管理職は、会社にとっていわば必要悪みたいなものだ。

だが、知的レベルの低い人たちにとっては、自分が少し偉くなったような錯覚に陥るのだろう。それが魔力たる理由かもしれない。

何度か書いたが、未来工業の就業時間は7時間15分しかない。その短い時間内に、こういう箸《はし》の上げ下げレベルにまで上司風を吹かせ、いちいちメールしてしまう無駄をコスト換算すれば、いったいどれくらいの無駄金になるだろうか。

私にいわせれば、**それらは「管理」ではなく「あらさがし」の部類。**売上げにはまるで貢献しないばかりか、働く人たちの足を引っ張り、その意欲をそいでしまうかもしれない。マイナス効果のほうがはるかに大きい。

こういう**後ろ向きの仕事をする人間の人件費こそ削減すべき**だ。

管理好きな会社のトップは、管理するゆえに生まれる「あらさがし」仕事で、無駄遣いされるコストこそ「管理」すべきだろう。

人事部という部署自体の人件費が無駄
——社員数が600名を超えると、なぜか人事部をつくりたがる経営者たち

私の知るところ、**中小企業の経営者の多くが、なぜか社員数が600名を超えると、**

人事部をつくりたがる。

たいして盗まれるものもないくせに、セキュリティー会社と契約したがるのとどこか似ている。どうやら、会社として一人前になった証みたいな考え方があるようだ。

未来工業は1991年、名古屋証券取引所第二部に上場している。

その前年ごろから、上場を目指して準備している時点で、人事部と経理部と購買部がない会社は上場させないという大蔵省（当時、現在の財務省）の決まりがあると知った。

その後、企業からノーパンしゃぶしゃぶの接待を受けていたことが発覚する大蔵省が、だ。税金から給料をもらっているくせに、それだけでは飽き足らずに、ノーパンしゃぶしゃぶで接待を受けていた大蔵省が、だ。

仕方なく経理部と購買部はつくったが、人事部はいまだにない。

人事部の仕事は、主に採用と人事管理と社員教育。

採用は各部署単位で好きな人をとればいいし、人事も各部署間で必要な社員の異動を調整すれば済む。社員教育は未来イズムで日々やっている。

そもそも、**人事部という部署自体の人件費が無駄。**

製品をつくって売るというメーカーの業務と直接関わりのない部署は、その仕事が会

社全体の利益とは関わりなく、ひとり歩きしやすい。その仕事がないと人事部の存在意義が薄れてしまうから、何かしら理屈をつけて採用したがり、人事を動かしたがり、社員教育にお金を使いたがる。しかも、会社への貢献度も数値化しにくい。

だから原価計算する部署と同様、そんな部署をつくるぐらいなら、営業部に回したほうがいい。実際に人事部がなくても、創業以来47年間、ウチは黒字決算を続けている。

!原価計算をする部署をつくるより、営業部隊にしたほうが儲かる

社員の管理だけでは飽き足らず、製品の原価まで管理しようというのが、「原価管理」（原価計算）というものの考え方。

製品をつくる際に使う「原料費」、製品出荷の際に梱包する段ボールなどの「材料費」、そして製品問屋に配送する「輸送費」。主にこの3つの要素に、社長や社員の給料、本社ビルの賃料や光熱費などが細分化されて計算される。

製品1個には社長の給料が1円何銭、社員ひとりあたりの給料が0・2銭ふくまれる

といった数字が導き出される。大企業の場合、その仕事に大量の社員を充てている。そんな仕事をするヒマがあったら、そっくりそのまま営業部隊にして、少しでも売る努力をしたほうが、はるかに建設的だろう。

会社とは、モノやサービスを世の中に売って稼いで利益を上げる集団。原価管理という仕事は、人事部と同じかそれ以上に、稼いで利益を上げる本質から遠い。そういう部署に人を振り向ける人件費は無駄だ。そこに貴重な人件費を投入している経営者は、会社から見れば、背任罪に等しいとさえ私は思う。

経営者や管理職は、現在200円で売っている製品があるとすれば、なんとかそれを250円、300円で売るにはどうしたらいいかを考えるべきだ。そのためにこそ創意工夫すべきであり、ある部署で原価計算をさせるというのは、まるで本末転倒だ。

こういった管理するために必要となるコストについても、もっと考える必要がある。

！正社員の給料30万円より、契約社員の15万円がもったいない

聞くところによると、契約社員の仕事内容は、正社員とあまり変わらないらしい。

にもかかわらず、給料が正社員の半分、ボーナスは微少、退職金がゼロ。それが平均的な待遇だという。

「仕事量が同じだから、正社員より契約社員を雇ったほうが15万円の得。その分の人件費が下げられた」と喜んでいる会社が世の中には少なくないらしい。近ごろ人気のコスト管理のひとつだ。

しかし私は、**むしろ契約社員の月給15万円のほうがもったいない**と思う。

ちょっと考えてみてほしい。**同じ内容の仕事をさせておいて、はたして月給15万円の契約社員が、月給30万円の正社員と同じ気持ちで働けるだろうか？**

人間がロボットにでもならないかぎり、無理だ。人間には感情がある。

もちろん上司の見ている前では、真面目にやっているかもしれないが、心の底では不平や不満をもちながらやっているにちがいない。それは仕事の質に必ずあらわれる。

一方、他社で15万円のパート社員だった人が、未来工業に入社して給料が30万円で終身雇用と聞けば、心から感謝して、めいっぱい働くはずだ。正社員との給料差15万円以上に働いてくれると思う。だから未来工業は、約800人全員が正社員。

その反対で、パート社員はいつクビになるかもわからない。それで、誰が会社のため

にがんばろうと思うだろうか？**　そんな状態で「未来イズムを身につけよう」とか「試行錯誤を恐れるな」といったところでけっして身につくはずがない。

私の考えでは、おそらく15万円分も働かないだろう。

そのうえ、職場にマイナスな感情を持ち込みがちで、人はそういうものに感染しやすい。悪口、劣等感、妬み、不平不満……。

この本でくり返し書いてきたように、

「会社がここまでしてくれるなら、給料分ぐらいは働かないと悪いな」

と社員たちに思わせるような仕掛けの数々は、誰もがもっている不平不満の芽が大きくなる前に、できるだけ早く摘み取ることでもある。

だから、そんな目には見えないマイナス効果もふくめて、パート社員に毎月払う15万円のほうが、私にはよっぽどもったいないのだ。

会社とは、目には見えづらい、いろんな感情をもった人間の集まり。働く人の幸福感や意欲が乏しければ、職場の士気や生産性は下がり、売上高も減っていかざるをえない。

日本人の単位時間あたりの生産性が先進国の中でも著しく下がりはじめた時期と、正社員から契約社員へと雇用の流動化が盛んになった時期との関係を、誰かきちんと調べてほしいものだ。きっと重なっているのではないだろうか？　自動車をはじめ、製造業のリコール件数が著しく増加するようになった時期との関係だって疑わしい。

目先の数字しか見ようとしない人たちにはわからないだろうが、人が人を管理するコスト（あるいは代償）は案外、バカにならない。

不渡りは管理できないから、企業調査は禁止

未来工業は取引先の倒産で、１・５億円の不渡りを出したことがある。

信頼関係にもとづき、私たちメーカーと問屋は手形取引。そのため問屋が倒産すると資金回収ができなくなり、ウチは丸々の赤字になってしまう。それを「不渡り」と呼ぶ。

担当者は真っ青になったが、取引先が潰れるかどうかなど、その会社に忍び込んで財務内容を精査しないかぎりわからない。だから、神様しかわからない領域といっていい。

だから、そんなことは少しも考えなくていい、私はそのとき全社員にそう伝えた。

「不渡りなんか恐れることなく、どんどん売ってこい。オレは責任の『せ』の字もいわんぞ」

普通の会社は不渡りに備えて、東京商工リサーチや帝国データバンクの取引信用情報を頼りにしている。

不渡りが発覚したとき、それらの調査会社に調査を依頼しようかという意見もあったが、無駄なお金がかかるからとやめた。**不渡りリスクを管理するコストのほうが、バカにならない**からだ。

前にも書いたように、**事実はひとつ、受け止め方は2つ。**

1店舗200万円の取引でも、その問屋が5店舗あれば、毎月で1000万円。1年で1・2億円になる。取引額だけで見ればそれほど多いとはいえないが、そう考えれば1・5億円で済んだだけで不幸中の幸いともいえる。

ある大阪の問屋が倒産したとき、

「社長、安心してください、ウチはたった200万円しか損していません」

と報告しに来た社員がいた。私はそのとき激怒した。

「手形取引をしている相手なら、普通は半年程度焦げ付いて大損になるはずや。あの問屋は10店舗あるから、1店舗100万円の取引でも、ひと月で1000万円。半年分なら6000万円のはずや。それが、たった200万円とは、まるで売れてなかったと同じやないか！　その程度しか稼げんくせに、おまえ、よう一人前の給料をもらっとるな。悔しかったら、もっと大損してきてみろ！」

もちろん企業経営である以上、無駄なリスクはできるだけ避け、取引先の倒産による赤字額は最小化する必要がある。しかし私から見れば、たった200万円の損より、儲け損なった5800万円のほうがはるかに惜しかった。

手堅い取引先とだけ商売していても、業績は上げられない。必要に応じてリスクをとり、収益を最大化する勝負勘も持ち合わせている必要がある。

企業調査会社に支払うお金があったら、そっちのコストをこそ優先したい。

たいして盗られるものもないのに、なぜかセコムに入りたがる経営者たち

未来工業の本社玄関右端には、警備員室がある。

しかし、**現在の場所に移って来てから27年間、警備員室に人がいたことはない。**

警備員がいれば、ウチの基本給である月30万円前後の給料を支払わなくてはいけない、

それがもったいないからだ。

メーカーとはいっても、ウチは主にハイテクとは反対のローテクの電設部品屋で、製品単価も安い。**泥棒に入られて会社がかぶる損害より、警備員の人件費のほうが高くつくのは明らか。だから警備員室はあっても、警備員はいない。**

こう書くと、警備室をわざわざつくるコストも無駄だと指摘する人が必ずいる。だが、それは建設コストについて無知な人。一定規模の本社をつくるなら、警備員室の有無など建設コストとは無関係だから。

これと同じで、従業員数が一定規模以上になると、セコムなどの警備会社に入りたくなる経営者もいる。いずれも日本人の横並び体質と、自分の会社もようやく一人前になったという、経営者の自慢めいた心理があるだろう。

ウチ同様に、泥棒に入られてもたいして盗られるものがないにもかかわらず、だ。

本社の入口に警備員室はあるが、27年間人がいたことはない

子会社間の業務提携でじゅうぶんなのに、ホールディングス化する無駄

関連子会社を束ねて持ち株会社とすることを「ホールディングス化」という。

これもアメリカで流行したら、まず日本の大手銀行がマネをして、大企業がその後に続いた。気がついたら、あちこちが「〇〇ホールディングス」になっていた。

私が考えるには、この利点は、各会社間での連結決算による節税メリットや、権限委譲、他社の買収などがやりやすくなる、などがある。その中でもいちばんの利点は、異業種間の子会社間に人材交流をうながすことだろう。

大企業ほど組織の官僚化という、人間でいえば「動脈硬化」めいたことになりやすい。だから、人材交流を促進して、新しい血を送り込むことで、組織の活性化をはかる必要がある。その意義は私も認める。

同時に、だからこそ大手銀行のホールディングス化には違和感がある。

同じ金融業内での人材交流では、たいした活性化は期待できない。せいぜい2つ、3つの銀行がひとつになって、頭取の席を各行で順繰りに回すぐらいのことでしかない。

大手百貨店同士のホールディングス化も同じ。報道などで指摘されているように、共同購入による仕入れコストの削減程度のことなら、業務提携レベルでじゅうぶんできる。むしろ、ホールディングス化を担当する監査法人に支払うコスト分が、そっくりそのまま無駄金になる。名刺1枚からはじまり、ありとあらゆるものが変わり、そのリニューアルで生じるコストもある。

それらをすべて引っくるめると、コスト削減分ぐらい簡単に相殺して、むしろ赤字になるところのほうが多いはずだ。

お盆休みを3日間減らしたら、なぜ売上げが減少したのか？

元営業部長がウチの3代目の社長に就任したとき、夏休みを短縮し、それまで10日間だったものを7日間に短くすると言い出した。未来イズムはとにかくやってみることだから、私は反対もしなかった。

その代わりに、「8月の売上げは対前年度比で絶対に下がるぞ」と公言していた。

そして私の予想どおり、休みを3日間も短くした同月の売上げは、前年度比で下がった。休日まで短くして「管理」しようとしたら、見事に失敗に終わったというわけだ。

お盆休みについては、未来工業なりに試行錯誤してきた歴史がある。

創業当初はわずか3日間だった。その後は幸いにも増収増益が続いたため、5日、7日、9日間と少しずつ増やしてきた。理由は、**休みが多いほうが社員たちは喜んだから**だし、**社長の仕事とは、社員の不満をできるだけ減らすことだから**だ。

しかもお盆休みが増えていくあいだ、なぜか業績も右肩上がりで伸びていた。その経験にもとづいて、私はお盆休みを減らすという3代目社長の発案に、売上げ減少を予言したのだ。

もちろん売上げ減の原因が3日間の休み短縮だけとはかぎらないが、それも原因のひとつだったことは明らかだ。

「休みを3日間も減らせば、その分だけ儲かる」

3代目社長はそう考えたのだろう。いかにも常識的な考え方だが、それだって一度も試したことはないのだから、やってみる価値はあった。

しかし、その考え方には、「お盆休みを3日間も減らされてしまった」という社員たちのマイナスの感情は換算されていない。その感情は目には見えないが、見えないからこそ厄介なのだ。

また、「休みを減らされれば、誰だって面白くないにちがいない」という想像力がまるで働いていない。3代目社長にあったのは、「休みを減らしてその分だけ儲けたい、業績を上げたい」という「労務管理」の発想だったわけだ。

たとえば、給料を社長から勝手に1万円減額されれば、誰だってうれしくない。それは社員たちの既得権めいたものだからで、お盆休みの件も同じこと。

社員たちが働く意欲を失えば、業績は当然下がる。

社長がわずか3日間の休みをケチったせいで、会社は8月期の売上げを大きく減らしてしまった。これはバカにならない失敗だった。

「管理」自体がマイナス思考の産物

ある企業の本社には、全国30店舗の支店を一括して管理する部署があるらしい。

年がら年中、「この支店は儲かっているか」「あの支店はなぜ儲かってないのか」と、それぱっかり考えて、いろいろ調べたり、業務の流れを改善提案したりしている部署らしい。それでも儲からない支店は閉鎖したりするという。

こういう仕事では、とにかく細かくチェックすることが仕事になる。そうしないと、管理する側の人間が不安だからだ。

もし自分の仕事がいい加減で、支店の収益が上がらなければ、自分たちのチェックが甘かったことになり、その責任を問われてしまう。もっといえば、自分の心配や不安を解消するために毎日あれこれ考えているわけで、そもそもマイナス思考。

ホウレンソウを未来工業がやらない理由は前にも書いたが、上司にいちいち報告する時点で、部下たちの突拍子もないアイデアや発想は抑制されてしまうからだ。

「そんなの、どうせできっこないだろ!」と上司にいわれると思うと、部下の側で事前に遠慮してしまう。

社員たちにそんなマイナス思考を植え付けて、萎縮させている時点ですでに「管理」と同じこと。だからホウレンソウは未来工業には不向き。

経営はプラス思考でないと成功しないし、売上げも上がらない。ここに社員を管理するという考え方の本末転倒がある。

仕事ができる人とは、自分を常に謙虚に保ち、部下をのびのび働かせられる人

「相談役、ご自宅までお送りしますよ」

よく晴れた3月のある土曜日、東京からのお客さんを最寄り駅まで送ったあと、車から下りてそのまま駅に向かおうとする私を、総務部長が呼び止めた。

私はタクシーにでも乗って自宅まで帰るつもりだったので、

「いや、大丈夫。仕事中に運転手をさせて悪かったな」

とだけいって背中を向けた。その日出勤していた総務部長に、お客さんと私を車で駅まで送ってほしいとお願いしたのだ。

念のために書いておくが、土曜出社は未来工業では休日出勤とは呼ばない。

あくまで自己啓発のための自主的出社で、定時に退社するのは平日と同じ。だから残業代も発生しない。そこが重要なところだ。

で、その一部始終を偶然、見送ったはずの東京から来たお客さんに見られてしまった。

「山田さん、ただのドケチじゃ、ありませんね」

お客さんはそういってニヤリと笑った。

「当たり前だ、もう47年間もドケチをやっとんだから、筋金入りやぞ」

私も笑いながら言い返した。

創業者でも、社長でも、あるいは部長でも課長でも、こういう状況で、部下の善意に何の逡巡もなく乗っかって、「そうか、悪いな」とそのまま自宅まで送ってもらうような人は失格だ。

些細なことに神経を細かく配れる人こそ、組織内で人の上に立つべきだというのが私の持論。

会社内における役職はたんなる職能であり、人間の身分の上下をあらわすものではない。**組織内で管理職と呼ばれる人間ほど、社内では一般社員以上に謙虚でなくてはいけない。**

「実るほど頭《こうべ》を垂れる稲穂かな」

ということわざもある。徳行を積んだ人ほど謙虚だという意味だ。

その理由は何か？

組織内の役職が上がれば上がるほど、他人に対して偉そうになる人と、ヒラ社員のころと同じ態度を保つ人がいたら、あなたはどちらの上司の下で働きたいと思うだろうか？

答えは明らかなはずだ。

上司は、常に部下たちから、その言動と資質をつぶさに見られている。誰よりも厳格な〝審判員〟たちだからこそ、その視線には人一倍敏感でなくてはいけない。また、そういう細やかな気配りこそが、仕事のほかの場面でも必ず生きてくる。

いままでの本と違い、今回は一般のビジネスパーソンを対象に、「常に考える仕事術」をテーマにしたのも、そのためだ。役職の有無にかかわらず、「仕事をするとはどういうことか」を私なりにまとめてみた。

しかし、47年間も会社経営に関わって、いろいろな管理職のサンプルを見てきたが、自分に自信がない人間ほど、役職が上がれば偉そうにしたがり、部下を管理したがる。

「人間とはどうしようもない生き物だなぁ」と痛感させられる。反面教師ばっかりだ。

先のことわざになぞらえれば、頭をたれるどころか、どんどん上体がそっくり返り、アゴが上がってくる。その人物の貧しく卑しい地金が露になる。自分ではそれにまるで気がつかないのが、むしろ気の毒なほどだ。

常に考える——仕事の本質を前にすれば、もはや上司も部下もない。

もっといえば、その本質に忠実であろうとする人ほど自然と謙虚になる。

そんな上司だからこそ、部下たちにも慕われる。そして彼ら彼女らなりに仕事と誠実に向き合おうとするから、ホウレンソウも管理もいらない。

7時間15分だからこそ仕事が面白くなる境地とは、その先に広がっている地平線みたいなものだ。

山田　昭男

2012年6月

著者紹介

未来工業株式会社 取締役相談役.
1931年，上海生まれ．旧制大垣中学卒業後，家業の山田電線製造所に入社．家業の傍ら，演劇に熱中し，劇団「未来座」を主宰．1965年，劇団仲間と未来工業株式会社を設立．代表取締役社長に就任．1991年，名古屋証券取引所第二部に上場．2000年，取締役相談役に就任，現在にいたる．岐阜県中小企業家同友会代表理事，同会長，岐阜県電機工業会会長などを歴任．1989年に黄綬褒章受章，1999年に大垣市功労賞受賞，2001年に勲五等双光旭日章受章．
著書に『ドケチ道　会社を元気にする「生きたお金」の使い方』（東洋経済新報社），『日本一社員がしあわせな会社のヘンな“きまり”』（ぱる出版），『日本でいちばん社員のやる気がある会社』（中経の文庫）などがある．

ホウレンソウ禁止で1日7時間15分しか働かないから仕事が面白くなる

2012年８月23日　第１刷発行
2012年10月19日　第６刷発行

著　者　山田昭男《やまだあきお》
発行者　山縣裕一郎

発行所　〒103-8345
東京都中央区日本橋本石町１-２-１　東洋経済新報社
電話　東洋経済コールセンター03(5605)7021

印刷・製本　リーブルテック

Printed in Japan　ISBN 978-4-492-04472-8　http://www.toyokeizai.net/